Cornelia Thate

Der Umgang mit dem Erbe der Nasca-Kultur in Vergangenheit und Gegenwart

Diplomica Verlag GmbH

Thate, Cornelia: Der Umgang mit dem Erbe der Nasca-Kultur in Vergangenheit und Gegenwart, Hamburg, Diplomica Verlag GmbH 2013

Buch-ISBN: 978-3-8428-9351-1
PDF-eBook-ISBN: 978-3-8428-4351-6
Druck/Herstellung: Diplomica® Verlag GmbH, Hamburg, 2013

Bibliografische Information der Deutschen Nationalbibliothek:
Die Deutsche Nationalbibliothek verzeichnet diese Publikation in der Deutschen Nationalbibliografie; detaillierte bibliografische Daten sind im Internet über http://dnb.d-nb.de abrufbar.

Das Werk einschließlich aller seiner Teile ist urheberrechtlich geschützt. Jede Verwertung außerhalb der Grenzen des Urheberrechtsgesetzes ist ohne Zustimmung des Verlages unzulässig und strafbar. Dies gilt insbesondere für Vervielfältigungen, Übersetzungen, Mikroverfilmungen und die Einspeicherung und Bearbeitung in elektronischen Systemen.

Die Wiedergabe von Gebrauchsnamen, Handelsnamen, Warenbezeichnungen usw. in diesem Werk berechtigt auch ohne besondere Kennzeichnung nicht zu der Annahme, dass solche Namen im Sinne der Warenzeichen- und Markenschutz-Gesetzgebung als frei zu betrachten wären und daher von jedermann benutzt werden dürften.

Die Informationen in diesem Werk wurden mit Sorgfalt erarbeitet. Dennoch können Fehler nicht vollständig ausgeschlossen werden und die Diplomica Verlag GmbH, die Autoren oder Übersetzer übernehmen keine juristische Verantwortung oder irgendeine Haftung für evtl. verbliebene fehlerhafte Angaben und deren Folgen.

Alle Rechte vorbehalten

© Diplomica Verlag GmbH
Hermannstal 119k, 22119 Hamburg
http://www.diplomica-verlag.de, Hamburg 2013
Printed in Germany

Danksagung

Ich danke allen, die mich während des Konzipierens und Verfassens dieser Arbeit sowie auf dem Wege dahin unterstützt haben:

Herrn Prof. Dr. Norbert Rehrmann, Herrn Prof. Dr. Heiner Böhmer und besonders Susanne Ritschel vom Institut für Romanistik der TU Dresden für die sehr gute Betreuung, jegliche Anregungen und Bemerkungen.

Herrn Prof. Dr. Bernd Teichert und Frau Christiane Richter des Fachbereichs Vermessungswesen und Kartographie der HTW Dresden für viele interessante Gespräche, Informationen, Kontakte nach Peru und Bilder aus Nasca, die für den Forschungsaufenthalt sowie die Arbeit insgesamt unabdingbar waren.

Herrn Dr. Markus Reindel vom Deutschen Archäologischen Institut für Informationen über aktuelle Ausgrabungen in Nasca sowie die damit in Zusammenhang stehenden Probleme.

Besonderer Dank gilt meinen Eltern Claudia und Wolfgang Thate für ihre dauerhafte Liebe, Unterstützung all meiner Vorhaben und Projekte sowie meinem Bruder Thomas Thate und all meinen Freundinnen und Freunden, die mir immer zur Seite stehen. Jessica Schaar, Bernadette Herbrich und Maren Schellenberger danke ich vor allem für die liebe Aufnahme in Berlin während der Literaturrecherche, Christian Klotz und Torsten Gaitzsch für alle Korrekturen und Anmerkungen.

También quiero dar gracias por todo el cariño y apoyo que recibí en Perú, especialmente a: Rubén Contreras Valencia y su familia por su amor y apoyo durante mi estancia en Nasca y mucho más. También a Javier Silva Aponte, Ramiro Gómez Castillo y Carlos Rivas Ascuña por la amistad y buenas charlas.

Gracias a la señora Ana María Cogorno, al señor Josué Lancho, al señor Alejandro Bocanegra Mejía y toda la Asociación Maria Reiche para las Líneas y Geóglifos de Nasca por las fotos e informaciones importantes. Al astrónomo Edgardo Julio Azabache Cerpa por las explicaciones en el planetario y la mirada hacia los planetas y la luna llena. Al ingeniero Barthelemy d´Ans, al Museo Arqueológico Antonini, al INC de Lima y Nasca – especialmente a los arqueólogos Moisés Salvador Ríos Canales y María Belén Gómez de la Torre Barrera – y al MINCETUR por las estadísticas e informaciones.

Además agradezco la colaboración del Colegio Josefina Mejía de Bocanegra – especialmente de la profesora Nelly Legua Hernández – en poder realizar la encuesta. Gracias a la directora Rosa Rivas de la Institución educativa Maria Reiche en Lima por la curricula.

Inhaltsverzeichnis

1 Einleitung 9

2 Dimension und Beständigkeit der Figuren und Linien von Nasca 11

3 Schwerpunkte in der Erforschung der Nasca-Kultur 13

    3.1   Problemstellungen und aktuelle Erkenntnisse interdisziplinärer Forschung 13
    3.2   Erste Erwähnungen und die Entdeckung der Wüstenbilder 16
    3.3   Maria Reiche und ihr Lebenswerk 18
    3.4   Weiterführende Forschungsarbeiten und Theoriebildungen 20

4 Zerstörungen des Kulturerbes 25

    4.1   Klimatische Veränderungen und ihre Auswirkungen 25
    4.2   Zerstörungen durch menschliche Eingriffe 25
    4.3   Was treibt Einheimische dazu, die Spuren ihrer Vorfahren zu zerstören? 30

5 Chancen und Gefahren des Tourismus 34

    5.1   Positive Entwicklungen in Peru und Nasca..34
    5.2   Gefahren des komplexen Tourismusnetzwerkes 37
        5.2.1   Ökonomische Risiken für die Bevölkerung 38
        5.2.2   Ökologische Folgen 40
        5.2.3   Sozio-kulturelle Auswirkungen: Vom Kulturkontakt zum Kulturwandel 42

6 Entwicklungen der Nasca-Identität und des Bezugs zum Kulturerbe 49

    6.1   Einflüsse und Vermischung verschiedener Kulturen im Laufe der Zeit 49
    6.2   Hybride Kultur 51
    6.3   Modernisierung, Globalisierung und die Bedeutung des Tourismus für das
           Verhältnis der Nasqueños zum kulturellen Erbe 54
    6.4   Das Kulturerbe als reine Geldquelle? 57

7 Schutzmaßnahmen und Probleme der Umsetzung 65

    7.1   Vergangene Bemühungen um den Erhalt des Kulturerbes 65
    7.2   Aktuelle Interessen und Pläne 67

8 Zusammenfassung 72

9 Literaturverzeichnis 75

10 Anhang 81

1 EINLEITUNG

Wie zu Lebzeiten vergangener Völker rufen deren Kulturdenkmäler noch immer große Bewunderung hervor. In Peru sind die alten Inkafestungen mit Machu Picchu an der Spitze ein Anziehungsmagnet für zwei Millionen Touristen, die jährlich aus der ganzen Welt anreisen. Aber auch die Erkundung des Erbes noch älterer Kulturen ist eine Reise wert: die rätselhaften Figuren und Linien im Pampaboden bei Nasca ziehen den Besucher in ihren Bann und wecken dessen Neugier, mehr über deren Entstehung zu erfahren. Seit der Entdeckung der Wüstenzeichnungen in den zwanziger Jahren des letzten Jahrhunderts beschäftigen sich Wissenschaftler mit dieser Frage und vor allem dem Zweck der Scharrbilder, die 1994 als UNESCO-Weltkulturerbe deklariert wurden. Einen großen Beitrag leistete die Dresdnerin Maria Reiche mit ihrer vierzigjährigen Forschung in der Pampa von Nasca. Dennoch ist das Geheimnis um die Linien bis heute nicht gelüftet und im Laufe der letzten Jahrzehnte tauchten über zwanzig Theorien auf.

Das zunehmende Interesse von Touristen an diesem Thema ist nicht zuletzt dem Schriftsteller Erich von Däniken zuzuschreiben. Seit der Publikation seines Buches „Erinnerungen an die Zukunft" reisen immer mehr Menschen ins Nascatal, wo Jahrhunderte vor der Ankunft der Spanier angeblich Außerirdische gelandet sein sollen. Durch den wachsenden Tourismus ist in der Wüstenregion eine neue Einnahmequelle entstanden. Allerdings nimmt im gleichen Zuge die Zerstörung des Erbes zu und der Bezug zu früheren Kulturen und peruanischen Wurzeln könnte immer mehr verloren gehen, da in einem Land mit über vierzig Prozent armer beziehungsweise extrem armer Bevölkerung vor allem der Profit in den Vordergrund gerät. Andererseits hat der Tourismus auch das Potenzial, die kulturelle Bedeutung vergessener Erbstücke wieder ins Bewusstsein zu rufen. Ein Blick in die Geschichte und Gegenwart der Nasqueños soll diese Entwicklungen beleuchten und Aufschluss über den Umgang mit dem jahrtausendealten Erbe der Nasca-Kultur geben.

Da bisherige Arbeiten über Nasca vor allem den Zweck der Scharrbilder ergründen, ist nur wenig über deren aktuelle Bedeutung für die einheimische Bevölkerung zu finden. Nach der Literaturrecherche in Deutschland bildete der Aufenthalt in Peru einen wichtigen Teil der Arbeit.

Der Kontakt zu Prof. Dr. Bernd Teichert und Christiane Richter vom Fachbereich Vermessungswesen und Kartographie der HTW Dresden war besonders hilfreich, da sie im Rahmen des „Nascaprojektes" fast jährlich nach Peru reisen. Abgesehen von Informationen zum Projekt konnten sie wichtige Kontakte, wie beispielsweise zu Maria Reiches Nachlassverwalterin Ana Maria Cogorno oder dem Astronom Edgardo Julio Azabache Cerpa vermitteln, die die Arbeit vor Ort erleichterten. Ebenso beantwortete der deutsche Archäologe Markus Reindel zahlreiche Fragen.

In Lima stand zunächst der Besuch von Institutionen und Museen im Mittelpunkt, um fehlende Daten und Informationen zu erhalten. Das Ministerio de Comercio Exterior y Turismo (MINCETUR) händigte Statistiken der Herbergszahlen, Flüge und Besucherzahlen Nascas aus. In Gesprächen mit den Archäologen Moisés Salvador Ríos Canales und Maria Belen Gomez de la Torre Barrera des Instituto Nacional de Cultura (INC) wurden aktuelle Schutzmaßnahmen und Probleme im Zusammenhang mit dem Kulturerbe deutlich, die später auch vor Ort erkennbar waren. Während des Besuches des Museo de la Nación und des Museo Arqueológico lag das Augenmerk auf der Darstellung der peruanischen Identität und Geschichte. Rosa Rivas, Direktorin der Institución educativa Maria Reiche in Lima gab einen Einblick in den Lehrplan der Schule und erzählte über Maria Reiche und deren Bedeutung im Unterricht.

Gleich zu Beginn des Aufenthaltes in Nasca fand am 1. September 2009 ein vom INC und der UNESCO organisiertes Treffen, die „Primera reunión multisectorial de trabajo. Hacia el diseño de un sistema de gestión para el patrimonio cultural y natural en el territorio de Nasca/Palpa", statt, um über weitere Schutzmaßnahmen zu debattieren.

Nach der Besichtigung der zahlreichen archäologischen Stätten stand das Treffen mit kennengelernten Wissenschaftlern sowie der Besuch von Vereinen und Institutionen im Mittelpunkt. Mitarbeiter des INC in Nasca, der Asociación Maria Reiche und des Museo Arqueológico Antonini händigten Statistiken des Aussichtsturmes an der Panamericana aus und berichteten über die schwierige Aufgabe des Schutzes der Wüstenbilder auf Grund verschiedener Interessenkonflikte. Der Kontakt zu Einheimischen ermöglichte das Kennenlernen unterschiedlicher Lebens- und Denkweisen der Nasqueños, die für diese Arbeit von besonderer Bedeutung sind.

Bei einer Umfrage in zwei Schulen sollte herausgefunden werden, welche der Kulturerbstücke der Region die Schüler bereits besucht haben oder gerne besichtigen würden, ob sie sich in ihrer Umgebung wohl fühlen und wie sie sich am Schutz der archäologischen Stätten beteiligen können. Die Lehrerin Nelly Legua Hernandez gab zusätzlich Auskunft über Lehrplan, Exkursionen und Schulsystem.

2 DIMENSION UND BESTÄNDIGKEIT DER FIGUREN UND LINIEN VON NASCA[1]

Unterwegs mit dem Bus von Lima in Richtung Süden lässt sich nicht erahnen, dass in den Wüsten der Westküste Perus ein bedeutendes Weltkulturerbe im Boden der Pampa verborgen liegt. Doch aus der Vogelperspektive könnte der Gedanke aufkommen, einen „gigantesco zoológico"[2] unter sich zu erspähen. Vierhundert Kilometer südlich von Lima liegen die Figuren und Linien von Nasca wie in Felsen geschlagene Riesenabbildungen auf der Erde. Bei näherer Betrachtung wird jedoch deutlich, dass sie durch das Beiseitelegen von Steinen geschaffen wurden. Diese bilden mit ihrer durch Oxidation entstandenen bräunlichen Oberflächenfärbung einen erkennbaren Kontrast zu dem von Steinen befreiten hellen Boden aus Sand, Ton, Gips und Lehm, der einst den Meeresgrund bildete.[3]

Schon die Ausdehnung der figürlichen Zeichnungen bis hin zu einer Größe zweier Fußballfelder ist überwältigend. Der so genannte Schlangenhalsvogel in der Pampa de Jumana misst beispielsweise dreihundert Meter.[4]

Quelle: MACCLURE: Nazca-Lines- „Alcatraz", zuletzt besucht am 17.01.2010 auf:
http://farm1.static.flickr.com/43/109885834_66f0ba81a2.jpg.

---

[1] Die Bezeichnung der Scharrbilder wird sehr unterschiedlich vorgenommen. Manche Autoren (wie bspw. Markus Reindel) verwenden sowohl für Linien als auch für figürliche und geometrische Figuren den Begriff Geoglyphen (Erdzeichen). Andere wiederum unterscheiden zwischen Geoglyphen und Linien.
[2] LANCHO 2005, 49.
[3] RUST, 7.
[4] VEREIN DR. MARIA REICHE – Linien und Figuren der Nasca-Kultur in Peru e.V:. *WebGIS-Applikation Linien und Figuren in der Pampa*, zuletzt besucht am 17.01.2010 auf: http://www.htw-dresden.de/~nazca/; STIERLIN, 42; JONTES & LEITNER-BÖCHZELT, 18.

Erfasst man allerdings erst einmal die Dimensionen der in Fülle vorhandenen Linien und geometrischen Figuren, lässt sich die Grandiosität der Kultur, die diese Scharrbilder schuf, vage erahnen. Die momentan bekannte längste Linie misst 23 Kilometer[5], führt über Hügel und endet wie die meisten dieser Geraden in einem Strahlenzentrum. Trapeze erreichen Ausmaße von mehreren Kilometern Länge und bilden die häufigsten Formen unter den größten Geoglyphen.[6]

Fast über zwei Jahrtausende konnten die in den Wüstenboden gescharrten Bilder von Tieren, Pflanzen, menschenähnlichen Wesen, sowie geometrischen Figuren und Linien nahezu unberührt in einem weiträumigen Gebiet von ungefähr fünfhundert Quadratkilometern[7] überdauern. Der verheerenden Zerstörung durch den Menschen in den letzten sechzig Jahren stehen die besonderen klimatischen Gegebenheiten der Region gegenüber. Diese bieten einen guten Schutz, den die Dresdner Geographin und Mathematikerin Maria Reiche 1968 wie folgt beschrieb:

> *„Es scheint fast unglaubhaft, daß die Zeichnungen, obwohl sie doch nur aus ganz leichten Vertiefungen im Boden bestehen, der Zerstörung durch Wasser und Wind entgangen sind. Das Klima ist eines der trockensten des Erdballs. Man kann behaupten, daß es alle zwei Jahre eine halbe Stunde regnet. Der Wind führt zwar große Mengen Sand mit sich, da er aber keine Hindernisse auf den weiten nach Norden und Süden offenen Ebenen findet, trägt er ihn weiter nach Norden, wo man hundert Kilometer weiter nördlich riesige Dünen sehen kann, die zu beiden Seiten der Autostraße aufragen. Überdies ist dicht am Boden die Luftbewegung bedeutend vermindert. Da die Oberflächensteine durch ihre braune Farbe viel Wärme absorbieren, bildet sich nahe am Boden eine warme Luftschicht, die ihn vor der direkten Berührung mit den stärksten Luftströmungen schützt. Ein anderer Faktor, der dazu beiträgt, daß die Oberfläche ganz unverändert bleibt, ist ein geringer Gipsgehalt des Bodens, der in Berührung mit dem morgendlichen Tau bewirkt, daß die Steine der Oberfläche auf ihrer Unterlage leicht festsitzen."*[8]

Diese Bedingungen ermöglichen es, das Kulturerbe noch heute mit Neugier betrachten zu können und sich zu fragen: Wer schuf diese Gebilde im steinigen Wüstenboden zwischen Nasca und Palpa? Wie konnten die Konstrukteure zur damaligen Zeit solche riesigen Zeichnungen abbilden? Wozu dienten die Figuren und Linien in der Pampa?

---

[5] DÄNIKEN 2001, 26; JONTES & LEITNER-BÖCHZELT, 18: Angabe von bis zu 20km Länge; Im Projekt der HTW misst die bisher längste dokumentierte Linie 12 km.
[6] AVENI, 64: 62% der größten Geoglyphen sind Trapeze.
[7] RUST, 6.
[8] REICHE, 43.

3 SCHWERPUNKTE IN DER ERFORSCHUNG DER NASCA-KULTUR[9]

3.1 Problemstellungen und aktuelle Erkenntnisse interdisziplinärer Forschung

Im Rahmen interdisziplinärer Untersuchungen wird diesen Fragen schon seit mehreren Jahrzehnten auf die Spur gegangen. Davies erläutert die Notwendigkeit dieser Arbeiten: „Se ha escrito mucho sobre las líneas de Nazca y el propósito para el que servían. Pero es difícil examinar esos temas a menos que uno estudie primero la cultura y los antecedentes del pueblo que supuestamente las creó".[10]

Die Zusammenarbeit von Archäologen, Anthropologen, Historikern, Kulturwissenschaftlern, Ethnologen, Geologen, Geodäten, Geographen, Astronomen, Mathematikern, Physikern, Hydrologen und Landwirten verspricht eine vielschichtige Arbeit unter Berücksichtigung unterschiedlichster Wissenschaftsbereiche zur Annäherung an die damalige Kultur. Dennoch verhindern verschiedene Interessen sowohl innerhalb Perus als auch unter ausländischen Wissenschaftlern einen ständigen Austausch der unterschiedlichen Gruppen, so dass viele Forschungsarbeiten parallel erfolgen statt aufeinander aufzubauen. Wie auch bei anderen prähispanischen Völkern Südamerikas wird diese Informationssuche durch das Fehlen schriftlicher Primärquellen erschwert. Was von der Kultur der so genannten Nasca erhalten ist, sind vor allem Mumien, motivreiche Keramiken und Textilien[11], Schmuck, Werkzeuge, verborgene Behausungen und Tempel sowie die Linien und Figuren im Wüstenboden.

Heute wird angenommen, dass die Nasca als Nachfolger der Paracas-Kultur ungefähr zwischen 200 v.Chr. und 650 n.Chr.[12] in der Region von Nasca und Palpa lebten. Mit Hilfe von Bohrkernproben und Radioaktivitätsmessungen stellte das Team des Professors für

---

[9] Laut Aveni, wird mit „Nasca" sowohl die peruanische Stadt als auch die jahrtausendealte Kultur bezeichnet, die in der Region zwischen Nasca und Palpa entstand. Der Name stammt wahrscheinlich von dem ersten kolonialen Oberhäuptling der Region Don García Nanasca und wurde in Folge auch auf die Kultur übertragen. Vgl. AVENI, 71 &108.
Manche Wissenschaftler unterscheiden auch zwischen „Nasca" als Stadt und „Nazca" als alte Kultur. Vgl. SCHULZE, 18.
[10] DAVIES, 43.
[11] WIECZOREK erforscht in seiner Arbeit ausführlich mögliche Bedeutungen der Darstellungen auf Keramiken und Textilien.
[12] Reindel, Markus in TEICHERT, 58; DAVIES, 45 -> auch andere Angaben, die von 200 v.Chr. – 800 n.Chr. reichen.

Geographie in Heidelberg Bernhard Eitel fest[13], dass die heutige Wüste an der Küste Perus noch bis 2000 v.Chr. als schüttere Graslandschaft ergrünte. Danach setzte eine Aridisierungsperiode ein, welche durch die Ausbreitung der Wüste die zahlreichen Siedlungen mit ihren ungefähr 60.000 Bewohnern verdrängte. In diesem Prozess kam es durch die zunehmende Wasserknappheit ab 100 n.Chr. zu Einbußen in der Landwirtschaft.

Manche Wissenschaftler schließen deshalb darauf, dass ein dadurch entfachter kriegerischer Überlebenskampf zum Untergang der Nasca führte. Doch sowohl die genaueren Untersuchungen der Schädelverletzungen als auch der DNA von Zähnen ergeben eher das Bild, dass ein schleichender Prozess für das Verschwinden dieses Volkes verantwortlich war. Die Trepanationen entsprangen wahrscheinlich eher in einem religiösen Zusammenhang statt der Auseinandersetzung innerhalb der Nasca.[14]

Der deutsche Archäologe Markus Reindel geht davon aus[15], dass die Bevölkerung wegen einer extremen Dürreperiode um 600 n.Chr. fortging und das Gebiet bis zu einem Klimawandel ab 1000 nur wenig besiedelt war. Mit zunehmender Feuchtigkeit kam es danach wieder zu einem Bevölkerungswachstum.

Aber auch das Eindringen der aus Ayacucho stammenden Huari wird häufig als Grund angegeben.[16] Dieses kriegerische Volk zwang den Nasca sowohl seine künstlerischen Ausdrucksformen, als auch das eigene Wirtschaftssystem auf und trug somit zum Vergessen der Traditionen und Denkweise der Nasca bei. Durch die Ausbreitung der Tiahuanaco- und später der Inka-Kultur wurde dies noch verstärkt. Ein Chronist berichtet, dass der Inkaherrscher Huayna Capac nach der Eroberung der Küstengebiete mehrere tausend Indianer verschiedener Stämme in diesem Gebiet angesiedelt und auf fünf Streifen verteilt hätte, die ungefähr fünf Kilometer lang und acht Meter breit waren und quer zum Fluss verliefen.[17] Die als *mitimaes* bezeichneten Zwangsumsiedlungen waren eine typische Strategie um ungenutzten Boden zu bewirtschaften oder Feinde abzuwehren.

In Folge der Neubesiedlungen kam es zu keinem direkten Kontakt der vorher ansässigen Nasca mit den spanischen Eroberern, welche im Zuge der Kolonialisierung ihre Eindrücke über das Volk Inka schriftlich festhielten. Diese Aufzeichnungen bilden bis heute eine

---

[13] KASCHNER, Michael: *Tatort Peru. Im Bann der Nasca-Linien*, gesendet in der ZDF-Dokumentationsreihe Terra X; siehe auch Publikationen von Prof. Dr. EITEL auf: http://www2.geog.uni-heidelberg.de/physio/mitarbeiter/eitel_publikationen.htm.
[14] KASCHNER, Michael: *Tatort Peru. Im Bann der Nasca-Linien*, gesendet in der ZDF-Dokumentationsreihe Terra X.
[15] Reindel, Markus in TEICHERT, 58; REINDEL, Markus: *Archäologisches Projekt Nasca-Palpa, Peru*, zuletzt besucht am 17.01.2010 auf der Internetseite des Deutschen Archäologischen Institutes: http://www.dainst.org/index_59929aacbb1f14a157090017f0000011_de.html.
[16] AVENI, 87; RUST, 8.
[17] AVENI, 242.

wichtige Quelle über dessen Kultur – ein Aspekt, der in der Erforschung der Nasca-Kultur fehlt und aktuelle Untersuchungen zusätzlich erschwert.

Um sich trotz fehlender schriftlicher Überlieferungen an die Nasca annähern zu können, benutzen Forscherteams die so genannte C14-Methode[18] zur Bestimmung der Entstehungszeitpunkte der noch erhaltenen Kulturgüter. Mit der Messung des Radiokohlenstoff-Gehaltes kann das Alter von Keramiken und organischen Resten ermittelt werden. Da die Zeichnungen gefundener Gefäße häufig denen in der Pampa ähneln, lassen sich Schlüsse über deren Entstehungszeitraum ziehen. Aber auch die zur Seite geräumten Steine der Figuren und Linien können mittlerweile auf diese Weise untersucht werden. Seismische Messungen lassen unterhalb der Scharrbilder Verdichtungen erkennen, die auf deren Begehung hinweisen.[19]

Ferner wurde in älteren Arbeiten[20] eine gesellschaftliche Gliederung mit hierarchischen Strukturen negiert. Doch geben beispielsweise Informationen von Haarproben ausgegrabener Mumien Aufschluss über die Ernährung zu deren Lebzeiten. So scheinen manche Nasca-Bewohner erkennbar mehr Fleisch und Fisch genossen zu haben als andere. Die daraus ablesbare, sehr wahrscheinliche soziale Differenzierung[21] lässt manche Forscher darauf schließen, dass die von einer Oberschicht in Auftrag gegeben Wüstenzeichnungen als Prestigeobjekte von Spezialisten geplant und von weiteren Arbeitern erschaffen wurden.

Weiterhin verfolgen Geographen mit Hilfe von Bohrkernproben das Klima der letzten drei Jahrtausende, welches Aufschluss über Siedlungsbedingungen und somit auch mögliche Beweggründe für die Erschaffung der Linien und Figuren gibt.[22] Ausgehend von der zunehmenden Desertifikation des Gebietes um 600 n.Chr. schufen die damaligen Bewohner wahrscheinlich im Zusammenhang mit der Bitte um Wasser erheblich mehr Linien und geometrische Flächen für ihre Götter als zuvor. Auch die Art der Scharrbilder änderte sich im Laufe der Zeit. Waren es zuerst vor allem die großräumigen Figuren, die den Boden

---

[18] AVENI, 74 & 227ff.; APARICIO BUENO, 14-18.
[19] RUST, 16; MOSER, 6.
[20] MASON, 138; BUSHNELL, 89; ANTON, 40; Lorenzo in RIVERA DORADO & VIDAL LORENZO, 157; MACHUCA CASTILLO, Gabriela: *Hallan tumba de niña élita del period Nasca Temprano*, 03.10.2009, zuletzt besucht am 17.01.2010 auf El Comercio: http://elcomercio.pe/noticia/350249/hallan-tumba-nina-elite-que-data-periodo-nasca-temprano.
[21] Reindel & Isla in TEICHERT, 20.
[22] KASCHNER, Michael: *Tatort Peru. Im Bann der Nasca-Linien*, gesendet in der ZDF-Dokumentationsreihe Terra X.

zierten, überlagerten später Geraden und Flächen vorherige Abbildungen oder weitere Pampaflächen.

Können Wissenschaftler in Zusammenarbeit und basierend auf noch vorhandenen Artefakten ein zusammenhängendes Bild vom Leben der Menschen vor ungefähr zwei Jahrtausenden schaffen, lassen sich eventuell genauere Aussagen über die Entstehung der Wüstenzeichnungen treffen.

3.2 Erste Erwähnungen und die Entdeckung der Wüstenbilder

Erstmalig erwähnte Pedro Cieza de León die Linien von Nasca in seiner Chronik von 1553 als „...signos en algunas partes del desierto que circunda a Nasca... para que las comunidades puedan encontrar el camino que deben de seguir".[23] Es gibt nur wenige Zeugnisse dieser Art. Die neuen Häuptlinge von Nasca verkauften das gesamte Land als die Spanier die Herrschaft über das Gebiet übernahmen. Hinzu kam die drastische Dezimierung der einheimischen Bevölkerung im sechzehnten Jahrhundert durch eingeschleppte Krankheiten, Plünderungen und Zwangsarbeit. Ein weiterer Kommentar von Cieza de León beschreibt die traurigen Folgen: „Ich glaube, es gibt keine Indianer mehr, die aus seiner Fruchtbarkeit [des Bodens, Anm. d. Verfasserin] Nutzen ziehen könnten."[24]

Erst im Laufe der Zeit bevölkerten Indigene aus den Anden die Küstengebiete, brachten jedoch ihre eigenen Bräuche und Überlieferungen mit. Die von Steinen befreiten Linien in der Pampa dienten höchstens als Pfade.[25] Dies könnte auch erklären, warum selbst der 1826 in Italien geborene peruanische Wissenschaftler Antonio Raimondi, der seine Beobachtungen über besuchte Orte stets aufschrieb, keine Notiz über die Zeichnungen hinterließ[26]: jegliches immaterielles Gut der Nasca war verloren, so dass niemand von den Wüstenzeichnungen Kenntnis nahm.

Um 1900 tauchten in den Museen Europas und Perus gut erhaltene Gewebe und Keramiken auf, die mit ihrer reichen Verzierung von bis zu sechzehn Farben sowie den phantastischen und naturrealistischen Motiven viel Aufsehen erregten. Kurz darauf entdeckte der Dresdner Max Uhle während seiner Ausgrabungen bei Nasca Keramiken mit ähnlichen Merkmalen.[27] Nach weiterer Forschung erstellte er eine Epochengliederung der andinen

---

[23] Cieza de León, Pedro: "La Crónica del Perú", 185, Edit. Biblioteca Peruana 1973, zitiert in LANCHO 2005, 56.
[24] Cieza de León, Pedro: "Chronik 31, Abschnitt 425-426", zitiert in AVENI, 109.
[25] ROHRBACH, 23.
[26] LANCHO 2005, 57.
[27] Wolff in BORN, 217f.

Kulturgeschichte mit definierten Stilen. Doch auch in seinen Ausführungen blieben die Wüstenbilder unerwähnt.

Es ist jedoch bekannt, dass die Linien in den zwanziger Jahren des letzten Jahrhunderts von Piloten als Orientierungshilfen genutzt wurden.[28] Im selben Jahrzehnt erforschten der amerikanische Archäologe Alfred Luis Kroeber und Toribio Mejía Xesspe unter Leitung von Julio C. Tello Siedlungsreste an der Südküste Perus. Als sie den Cerro La Calera bestiegen, erstreckte sich vor ihren Füßen eine schnurgerade Furche.[29] Kroeber berichtete 1926 als erster schriftlich über diese Entdeckung:

> *„Es gibt ein halbes Dutzend caminos del Inca oder Sternstraßen in der Quebrada, die zumeist unweit des südlichsten Punktes beginnen; weitere zwischen markanten Felsen in der Quebrada nordöstlich von La Calera [...] etwa elf gehen sternförmig von einer drei bis vier Meter hohen Felsinsel aus, die nordöstlich vom Nordostrand La Caleras liegt [...] die Straßen laufen über die offene Pampa und ziehen sich höchstens ein Stück weit die ersten Hänge hinauf. Das eine Ende zeigt in der Regel auf einen Hügel, eine Kuppe, einen Vorberg, Pass oder anderen Orientierungspunkt [...]; das andere Ende tut dasselbe oder es verliert sich in der Ebene. Die Straßen sind drei bis vier Meter breit und allein durch die Beseitigung aller größeren Steine entstanden. Wo sie nicht nachträglich durch Erosion unterbrochen wurden, bilden sie ausgezeichnete Fahrstraßen durch die Pampa, werden allerdings kaum als solche benutzt, da sie nirgends hinführen. Zweck: Religiöse Prozessionen oder Spiele?"*[30]

Zusätzlich erstellte Kroeber zwei Karten und Fotos mit der Überschrift „Alte Wege" und untersuchte daraufhin unterirdische Wasserleitungen – so genannte *puquios*.[31] Erst 1939 veröffentlichte der Wissenschaftler Toribio Mejía Xesspe im Zuge des Amerikanistenkongresses in Lima einen Bericht über die Linien und Figuren. Dieser veranlasste den amerikanischen Forscher Paul Kosok, sich 1941 auf den Weg nach Nasca zu begeben, um dort die erwähnten Bewässerungsanlagen zu untersuchen. Als er zufällig die Sonne hinter einer der Linien am Horizont untergehen sah, vermutete er einen Zusammenhang mit kalendarischen und astronomischen Beobachtungen zu Zeiten der Nasca-Kultur. In seinem Buch „Life, Land, and Water", betitelte er die Pampa von Nasca in einem Kapitel als „Das größte Astronomiebuch der Welt".[32]

---

[28] SCHULZE 2005, 14.
[29] DAVIES, 48.
[30] Kroeber zitiert in AVENI, 127f.
[31] PROULX, Donald A.: *Nasca Puquios and Aqueducts*, zuletzt besucht am 17.01.2010 auf: http://www-unix.oit.umass.edu/~proulx/online_pubs/Zurich_Puquios_revised_small.pdf.
[32] AVENI, 130.

3.3 Maria Reiche und ihr Lebenswerk[33]

Die Grundsteine für die weitere Untersuchung waren bereits gelegt, als die 1903 in Dresden geborene Viktoria Maria Reiche-Große Newmann[34] ab 1941 in die Fußstapfen Kosoks trat und in seinem Auftrag die Figuren und Linien in der Pampa von Nasca erforschte – eine Aufgabe, der sich Maria Reiche bis an ihr Lebensende 1998 mit großer Hingabe widmete.

Doch bis dahin hatte sie einen ereignisreichen Lebensweg zurückgelegt. Aus einem gutbürgerlichen, für damalige Verhältnisse fortschrittlichen Elternhaus stammend – der Mutter Anna Elisabeth war es vergönnt, Theologie und englische Literatur in Hamburg und Edinburgh zu studieren – zeigte Maria schon als junges Mädchen großes Interesse an naturwissenschaftlichen Beobachtungen. Nachdem sie an der Städtischen Höheren Mädchenschule Romain-Rolland ein gutes Abitur abgelegt hatte, begann Maria 1924 ihr Studium der Mathematik und Geographie an der Technischen Hochschule Dresden. Zwei Semester verbrachte sie in Hamburg und belegte zusätzlich Kurse in Philosophie und Pädagogik. Maria Reiche beendete diese breit gefächerte Ausbildung 1928.

Da die Aussicht auf Arbeit in Zeiten der Wirtschaftskrise sehr schlecht war und sie sich mit kurzzeitig befristeten Anstellungen nicht zufrieden geben wollte, setzte Maria Reiche vier Jahre später mit dem Schiff nach Peru über, um bei dem deutschen Konsul Tabel in Cusco als Lehrerin für dessen zwei Kinder zu arbeiten. Schon zu diesem Zeitpunkt spürte sie die bedrückenden Entwicklungen in Deutschland, von denen Reiche Abstand nehmen wollte. Die Zeit in der damaligen Inkahauptstadt ermöglichte ihr nebenbei Spanisch zu lernen und sich mit der Kultur und Geschichte Perus zu beschäftigen. Vor allem die alten Festungen mit ihren Observatorien und Tempeln begeisterten die dreißigjährige Reiche und weckten immer größeres Interesse an den astronomischen Beobachtungen prähispanischer Kulturen. Wegen Unstimmigkeiten wurde Maria nach zwei Jahren vorzeitig entlassen und aufgefordert, direkt in ihr Heimatland zurückzukehren.

Doch auf der Schiffsreise nach Callao lernte sie die Peruanerin Rosita García und deren Vater kennen, der ihr als einflussreicher, angesehener Rechtsanwalt alle Formalitäten erledigte, um in Lima bleiben zu können. Dort verdiente sich Maria Reiche mit verschiedensten Arbeiten wie Sprachstunden, Mathematik- und Gymnastikunterricht, sowie als Masseuse ihr Geld und drang bei Treffen mit ihrem international geprägten Freundes- und Intellektuellenkreis tiefer in die Bereiche Philosophie, Suggestion und Mystik ein. Nach ei-

---

[33] Biographische Daten entnommen aus SCHULZE.
[34] In Peru nannte sie sich selbst Maria Reiche, was auch in dieser Arbeit weiter verfolgt wird.

ner zehnmonatigen Reise nach Deutschland begann sie ihre Arbeit am 1919 von Julio C. Tello gegründeten Museo de Arqueología y Antropología de la Universidad Nacional Mayor de San Marcos. Neben der Präparation von Leinentüchern der ausgegrabenen Paracas-Mumien übersetzte Maria Artikel aus deutschen archäologischen Fachzeitschriften sowie Bücher für Universitätsprofessoren, Maler und Dichter. Die Freundschaft mit der Engländerin Amy Meredith, die einen Teesalon betrieb, verschaffte ihr weitere Aufträge und letztendlich den wichtigen Kontakt zu Paul Kosok, der den Beginn ihrer jahrzehntelangen Arbeit in der trockenen Pampa von Nasca markierte.

Ausgestattet mit von Kosok vorgegebenen Messpunkten reiste Maria Reiche noch Ende 1941 in Richtung Süden, um zur Sommersonnenwende am 21. Dezember Übereinstimmungen von Linienführungen mit der unter- beziehungsweise aufgehenden Sonne zu überprüfen. Sie bestätigte die Vermutung und damit einen möglichen astronomischen und kalendarischen Zusammenhang der Geraden. Laut dieser Theorie[35] und unter Berücksichtigung des damaligen Sternenhimmels[36] dienten die Linien zwischen den Örtchen Palpa und Nasca als Peillinien für astronomische Beobachtungen, die die damalige Bevölkerung als Kalender nutzte. So könnte das Erscheinen eines bestimmten Sternes den Zeitpunkt für die Aussaat oder eines Festes angekündigt haben. Beispielsweise bedeutet das erstmalige Erscheinen der Plejaden am Morgenhimmel erhöhte Fangquoten für Fischer.[37] Maria Reiche vermutete auch eine Verbindung der Figuren mit der Registrierung von Zeitabschnitten, der symbolischen Darstellung göttlicher Wesen zu kultischen Zwecken oder der Abbildung entsprechender Sternbilder. Die Spinne auf dem Boden der Pampa könnte demnach die Konstellation des Orions widerspiegeln.

Quelle: TEICHERT, 90.

---

[35] V.a. Kosok und Reiche verfolgten diese Theorie; SCHULZE, 215.
[36] Durch die sich verändernde Neigung der Rotationsachse der Erde verändert sich die Position der Sterne am Himmel (Präzession genannt), so dass der Sternenhimmel vor 2000 Jahren geringfügig von unserem heutigen abweicht, aber errechnet werden kann, vgl. HELFRICHT, 75.
[37] AVENI, 209.

Bedingt durch den Beitritt Perus auf die Seite der Alliierten gegen Deutschland im Zweiten Weltkrieg war es Maria Reiche verboten, Lima zu verlassen, so dass sie ihre Forschung in Nasca erst 1946 fortsetzen konnte. Mit Proviant, Notizbuch, Kompass und Bandmaß im Gepäck, begab sich die Mathematikerin fast täglich in die trockene Hitze der Pampa, um nach und nach immer mehr Figuren und Linien zu entdecken und Beweise für ihre Annahmen zu liefern.

Zu dieser Zeit waren die Zeichnungen relativ unbekannt und somit hielt sich die Hilfe durch Einheimische in Grenzen. Finanziell musste sich Maria Reiche nebenbei mit Arbeiten als Lehrerin, Übersetzerin und Buchhalterin absichern. Hin und wieder bekam sie kleinere Geldbeträge oder Materialien, wie beispielsweise einen Theodoliten zur Messung von Winkeln sowie 200$ von der Universidad San Marcos oder eine Leiter von einer Elektrizitätsgesellschaft.[38] Weiterhin stand der Servicio Aerofotográfico Nacional der peruanischen Luftwaffe der deutschen Wissenschaftlerin stets mit Luftaufnahmen, Instrumenten und Zeichentischen zur Seite. Mit zahlreichen Veröffentlichungen und Vorträgen über die Figuren und Linien in Zeitungen, Zeitschriften und Büchern stärkte sie sowohl ihr Ansehen als auch das Interesse der einheimischen und ausländischen Bevölkerung. Die Zahl der Publikationen und Dokumentationen stieg immer weiter an. Dies verschaffte ihr weitere Hilfe vor Ort sowie Stipendien der Wenner-Grenn Foundation, der Deutschen Forschungsgemeinschaft, der International Explorers Society und anderer Gesellschaften, die das Hauptziel Reiches - den Schutz des Kulturerbes für folgende Generationen - unterstützten.

3.4 Weiterführende Forschungsarbeiten und Theoriebildungen

Es dauerte nicht lange, bis weitere Wissenschaftler, wie Dr. Hans Horkheimer von der Universidad Nacional de Trujillo oder der amerikanische Ethnologe und Journalist Victor Hagens, in den vierziger und fünfziger Jahren zur Erforschung der Wüstenbilder nach Nasca kamen und ihre eigenen Theorien aufstellten.[39] Der amerikanische Mathematiker und Astronom Gerald Hawkins negierte nach seinen Expeditionen 1968 die astronomische Theorie Maria Reiches.[40] Nachdem er in Stonehenge mit Vermessungen nachgewiesen hatte, dass dieser Ort als astronomische Beobachtungsstätte diente, führte er auf Bitten des Journalisten Tony Morrison ähnliche Untersuchungen in Nasca durch. Allerdings hatte er

---

[38] SCHULZE, 83.
[39] SCHULZE, 85 & 127.
[40] SCHULZE, 153f.; ausführlichere Kritik auch in AVENI, 149 f.

nur einen Bruchteil der Figuren und Linien vermessen und mit astronomischen Daten der nördlichen Hemisphäre verglichen, so dass eine eindeutige Aussage noch immer aussteht. Anthony Aveni, US-amerikanischer Professor für Astronomie und Anthropologie an der Colgate-University, verfolgt seit Anfang der achtziger Jahre abermals den Ansatz, dass astronomische Überlegungen die Nasca bei der Erschaffung der Linien beeinflusst haben könnten, aber nicht vorrangig von Bedeutung waren.[41] Mit dem 1995 gegründeten Nascaprojekt[42] der Dresdner Hochschule für Technik und Wirtschaft unter Leitung von Prof. Dr. Bernd Teichert sind im Laufe der nächsten Jahre weitere Ergebnisse zu erwarten. Im Fachbereich Vermessungswesen und Kartographie wird somit die Arbeit der 1998 verstorbenen Maria Reiche gewürdigt und fortgesetzt. Mit Hilfe eines speziell entwickelten Berechnungsprogrammes sollen die in noch andauernder Feldforschung gewonnen Daten der Figuren und Linien mit ausgewählten astronomischen Ereignissen, wie Auf- und Untergang von Himmelskörpern, Sonnenwenden und Finsternissen abgeglichen werden. Die Speicherung aller geometrischen, kulturellen, historischen, archäologischen und geologischen Daten zu den Figuren und Linien erfolgt durch ein interdisziplinäres Expertenteam in dem Geographischen Informationssystem „NascaGIS".[43]

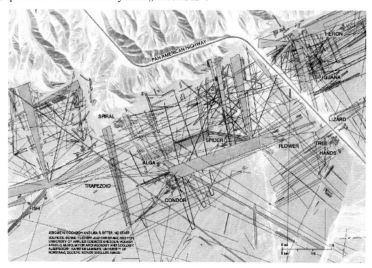

Quelle: Nascaprojekt Dresden: „Dr. Maria Reiche" e.V.

---

[41] Siehe Publikationen AVENI.
[42] VEREIN DR. MARIA REICHE – Linien und Figuren der Nasca-Kultur in Peru e.V.: *Das Forschungsprojekt Nasca*, zuletzt besucht am 17.01.2010 auf: http://www.htw-dresden.de/~nazca/projekt.htm.
[43] VEREIN DR. MARIA REICHE – Linien und Figuren der Nasca-Kultur in Peru e.V.: *WebGIS-Applikation Linien und Figuren in der Pampa*, zuletzt besucht am 17.01.2010 auf: http://www.htw-dresden.de/~nazca/.

Ziel dabei ist die Digitalisierung des Geländes zum Erhalt für die Nachwelt. Mit Hilfe des Internets kann jeder Nutzer weltweit auf die eingegebenen Daten zugreifen, bestimmte Figuren vergrößern, vermessen oder Informationen dazu erhalten. Fände diese Seite auch unter Einheimischen eine größere Verbreitung, könnte ihnen zumindest eine virtuelle Vogelperspektive ermöglicht werden, die vielen aus finanziellen Gründen bis heute unbekannt ist.

Auch Autoren und abenteuerlustige Interessenten fühlten sich von den rätselhaften Wüstenbildern angezogen: „Die Pampa wird von diversen Akteuren im heutigen Nasca ge- und missbraucht, doch verstanden wird sie von niemandem"[44], schrieb die in Nasca forschende Archäologin Helaine Silverman diesbezüglich. Am meisten Aufsehen erregte wohl das 1968 veröffentlichte Buch „Erinnerungen an die Zukunft" von Erich von Däniken. Menschen aus aller Welt wollten von diesem Zeitpunkt an die darin beschriebenen Landeplätze für Außerirdische in der Pampa von Nasca mit eigenen Augen sehen. Die aus dem Weltraum stammenden Wesen seien laut Däniken zu Zeiten der Nasca in deren Siedlungsgebiet gelandet, um Mineralien abzubauen und hätten dabei mit ihren Raumschiffen pistenähnliche Spuren hinterlassen. Die ansässige Bevölkerung versuchte wohl daraufhin, diese Start- und Landehilfen nachzubilden, da sie die als Götter identifizierten Wesen zurückholen wollten. Zur Stärkung dieses Bemühens zeichneten die Nasca angeblich über Generationen hinweg Figuren als Symbole ihrer Stammeszeichen in den Boden.[45] 2003 eröffnete der Schweizer einen Mysterypark, in dessen Nascapavillon die Besucher virtuell über der Hochebene fliegen. Die simulierte Landung auf einem Trapez soll sogar direkt in der Pampa stattgefunden haben.[46]

So sehr die Bücher und Theorien Dänikens auch kritisiert und diskutiert wurden, regten viele aufgeworfene Fragen zum Nachdenken und Weiterforschen an, so dass im Laufe der Zeit immer mehr Vermutungen über den Zweck der Scharrbilder auftauchten. Neben einer Sportanlage für Läufer[47], einer riesigen Fläche für Webarbeiten[48] oder als bloße Beschäftigungstherapie für die damalige Bevölkerung[49], gelangte 1975 ein aufwändiges Experiment in die Schlagzeilen Perus. Die Amerikaner Jim Woodman und Mike DeBakey ließen einen Ballon aus handgewebten Wollstoffen mit einer Schilfgondel bauen und in die Luft stei-

---

[44] D. Parkert, Manchester: "The Nazca Lines as Cult Archaeology, Economics and Politics in Broken Images", 1992, S. 13, zitiert in AVENI, 71.
[45] DÄNIKEN 2001, 177ff.
[46] Aussage Christiane Richters der HTW Dresden.
[47] Laut von Breunig, Alexander, in ROHRBACH, 29.
[48] Laut Stierlin, Henri, in ROHRBACH, 29.
[49] Laut Isbell, William H., in DÄNIKEN 2001, 126.

gen, um zu beweisen, dass die damaligen Nasca mit den ihnen zur Verfügung stehenden Materialien ihre Bilder aus der Luft hätten betrachten können.[50]

Anthony Aveni beurteilt den Großteil dieser Publikationen recht anschaulich: „Das Internet brachte ein Panoptikum von Nasca-Theorien hervor, die wahrscheinlich mehr über uns selbst aussagen als über Nasca."[51] Johann Reinhard sieht ein Zusammenspiel verschiedener Theorien als wahrscheinlich an, um eine Aussage über den Zweck der Scharrbilder machen zu können. Sowohl Wasserkulte oder rituelles Pilgern am Boden, als auch astronomische und religiöse Bedeutungen sind denkbar.

Besonders interessant ist eine Untersuchung des *ceque*-Systems[52] in Cusco, die Aveni 1975 gemeinsam mit dem holländischen Anthropologen Tom Zuidema durchführte.[53] Als Grundlage dienten die 1653 in der „Historia del Nuevo Mundo" aufgezeichneten Beschreibungen des Jesuitenpaters Bernabe Cobo über jene Linien, die vom Sonnentempel in Cusco ausgingen und die Stadt in Vierteil teilten. Entlang dieser Straßen fanden die zwei Wissenschaftler ein verzweigtes ceque-System mit zahlreichen natürlichen oder künstlichen Tempeln, wie behauene Felsformationen, Quellen, Brunnen oder Hügel. Daraus schlossen sie, dass diese als *huacas* bezeichneten heiligen Orte für den landwirtschaftlichen Kalender von zentraler Bedeutung waren und die ceques die Pflege der Stätten regelten. Dieses System sei ihrer Ansicht nach auch in den *quipus* festgehalten: jede Schnur verschlüsselt ein ceque und jeder Knoten eine huaca. So war es möglich, eine nach Verwandtschaftsgruppen angelegte Raumordnung unter Berücksichtigung von Bewässerungs- und Wasserversorgungsfragen zu schaffen.

Doch was hat die Erforschung der Rituale, Gesellschaftsordnung und Astronomie der Inka mit der Nasca-Kultur zu tun? Gemeinsam mit Garry Urton untersuchte Aveni die bis dahin gefundenen 62 Strahlenzentren in der Pampa von Nasca, von denen 762 Linien abgehen, die anscheinend eine verbreitete Ausdrucksform der prähispanischen Kultur bilden.[54] Davon ausgehend, dass Ideen, Denkweise und Erkenntnisse der Nasca über die Welt denen der Inka ähnelten, wäre es möglich, Schlussfolgerungen über deren Kultur zu ziehen, die Aveni wie folgt begründet:

„Das Verständnis der Welt und die Art, wie dieses Verständnis dargestellt wird, transzendiert nicht selten Jahrhunderte und Kontinente. Nehmen wir beispielsweise

---

[50] SCHULZE, 109.
[51] AVENI, 155.
[52] Dabei handelt es sich um gedachte Linien, die von Cusco ausgehend verschiedene heilige Orte verbanden.
[53] AVENI, 99 ff.
[54] DAVIES, 54; Jürgen Golte nähert sich in seinem Artikel „Maria Reiche und die Scharrbilder von Nasca" in BORN, 43-64, ebenso vorspanischen Denkformen an, um daraus Schlüsse über die Scharrbilder von Nasca zu ziehen.

unser geometrisches Wissen oder die Prinzipien wissenschaftlicher Theoriebildung – beides hat sich aus Ideen entwickelt, die vor 2500 Jahren bei den alten Griechen entstanden."[55]

Wir bereits kurz angerissen, beschäftigen sich aktuell neben dem Team des Nascaprojektes der HTW Dresden auch andere interdisziplinäre Forschergruppen mit dem Rätsel in der Wüste Perus. Der deutsche Archäologe Markus Reindel von der Kommission für Außereuropäische Kulturen leitet seit 1997 das Projekt Nasca-Palpa[56] in Peru. Im Mittelpunkt steht die Kultur- und Landschaftsgeschichte der Region Palpa. Mit Ausgrabungen, Kartierungen und Beschreibungen tragen diese Untersuchungen zum Erhalt der jahrtausendealten Figuren und Linien bei. Seit 2002 wird dieses Vorhaben vom Bundesministerium für Bildung und Forschung unter dem Förderschwerpunkt "Neue naturwissenschaftliche Methoden und Technologien in den Geisteswissenschaften" unterstützt. Die Errichtung eines Museums gibt sowohl Einheimischen als auch Reisenden einen Einblick in diese Arbeiten.

Auch der „Centro Ceremonial en adobe más grande del mundo"[57] in Cahuachi wird seit den fünfziger Jahren näher unter die Lupe genommen. Zuerst fanden Ausgraben der 24 Quadratkilometer großen Tempelanlage mit über dreißig Stufenpyramiden unter Leitung der Archäologen William Duncan Strong und Helaine Silverman statt, bis der Italiener Giuseppe Orefici 1984 im Auftrag des Centro de Estudios Arqueológicos Precolombinos systematische und multidisziplinäre Studien begann[58]. Mit Sicherheit ist es kein Zufall, dass ein Großteil der Figuren und Linien in der Nähe dieses rituellen Zentrums liegt. Bis heute ist nur ein Teil der Stätte freigelegt. Allerdings wird die Arbeit des Italieners mit Skepsis betrachtet, da er als Architekt keine archäologischen Konservierungstechniken studiert habe und somit die Erosion der Anlage beschleunigen würde. Markus Reindel kommentierte, dass die Konservierung von Lehmbauten mit demselben Material erfolgen müsse, da die Konstruktion unter der Schutzhülle sonst immer mehr verfällt – ein Vorgehen, dass in Cahuachi wohl nicht beachtet wird.

So fügen zahlreiche Forscher nach und nach ihre Daten und Ergebnisse aus den verschiedensten Wissenschaftsbereichen in einem großen Puzzle zusammen, um ein möglichst genaues Bild der damaligen Nasca-Kultur liefern zu können.

---

[55] AVENI, 91f.
[56] REINDEl, Markus: *Archäologisches Projekt Nasca-Palpa, Peru*, zuletzt besucht am 17.01.2010 auf der Internetseite des Deutschen Archäologischen Institutes:
http://www.dainst.org/index_59929aacbb1f14a157090017f0000011_de.html.
[57] LANCHO betitelt ein Informationsheft mit diesen Worten, welches ein Wächter von Cahuachi Touristen aushändigt.
[58] LANCHO: Cahuachi.

4 ZERSTÖRUNGEN DES KULTURERBES

4.1 Klimatische Veränderungen und ihre Auswirkungen

Diese Arbeit der Forscher ist wegen der stark zunehmenden Zerstörung des Kulturerbes in den letzten sechzig Jahren besonders wichtig geworden. Sowohl klimatische Veränderungen als auch direkte menschliche Eingriffe haben bereits verheerende Schäden angerichtet, die größtenteils nicht mehr behoben werden können.[59]

Wie eingangs beschrieben, herrscht in der Pampa ein besonders trockenes Klima, welches die Figuren und Linien seit Jahrtausenden schützt. Doch in letzter Zeit haben Wind, Regen, Feuchtigkeit und Hitze merklich zugenommen, so dass diese Faktoren mittlerweile eine Bedrohung für die Scharrbilder darstellen. Vor allem das als „El Niño" bekannte Wetterereignis mit verstärkten Regengüssen beunruhigt manche Wissenschaftler, da sich als *huaycos* bezeichnete Sturzfluten ihre Bahnen durch die Pampa suchen. Durch das kontinuierliche Abholzen des Huarango-Baumes dringen auch Dünen in das geschützte Gebiet ein und beschleunigen die Desertifikation. Die stark zunehmende Umweltverschmutzung hinterlässt auch auf den Wüstenzeichnungen ihre Spuren, so dass diese an ausgewählten Orten hin und wieder gereinigt werden. Beispielsweise verfärbt der Staubniederschlag aus den Bergwerken des vierzig Kilometer entfernt liegenden Marcona die Steine in der Pampa.

4.2 Zerstörungen durch menschliche Eingriffe

Neben diesen zum Teil indirekt vom Menschen hervorgerufenen Klimaveränderungen gibt es zahlreiche Beispiele für zivilisatorische Eingriffe, die das Bild der Pampa auch heute noch nachhaltig verändern und somit die Arbeit der Wissenschaftler zusätzlich erschweren. Diese Wandlungen sind mit Sicherheit nicht erst auf die letzten Jahrzehnte zu datieren. Da das Wissen der damaligen Nasca-Kultur im Laufe der Jahrhunderte verloren ging, gab es kaum Berichte oder Kenntnisse über die aus der Luft so beeindruckend wirkenden Bildnisse. Dies stellte auch Hans Horkheimer 1946 fest, als er mit Einwohnern sprach, von denen viele von der Existenz der Linien noch nichts gehört hatten.[60] Bevor die Menschen mit Flugzeugen vom Boden abheben konnten, war ihnen somit möglicherweise nicht bewusst, dass sie hin und wieder auf genauestens entworfenen Linien und Bildnissen ihrer Vorfahren entlangliefen und ungewollt „vom Weg abkamen". Da die dunkle Oberfläche des stei-

---

[59] ABAD, Cesar: „Palpa y sus condiciones actuales" (Vortrag bei der Primera reunión multisectorial de trabajo am 01.09.2009 in Nasca).
[60] MORRISON, 55.

nigen Wüstenbodens sehr empfindlich ist, verändert jeder Fußtritt die Farbgebung des Untergrundes und somit das Gesamtbild.

Erheblich einschneidender war der Bau der Panamericana, die sich von Alaska bis zum Feuerland auf einem Gesamtstraßennetz von 48.000 Kilometern fast ohne Unterbrechung ihren Weg bahnt. 1936 wurde dieses Projekt auf der Interamerikanischen Konferenz zur Festigung des Friedens in Buenos Aires beschlossen und Ende der vierziger Jahre in Peru umgesetzt. Abgesehen von der Zerstörung durch Bauarbeiten, für die unter anderem Steine aus der Pampa verwendet wurden, zerteilte die Schnellstraße die Figur des Leguans genau in der Mitte.

Quelle: Nascaprojekt Dresden: „Dr. Maria Reiche" e.V.

Hinzu kommt, falls es doch einmal regnet, die Ansammlung von Wasser am Rande des Asphaltes. Da dieses nicht abfließen kann, frisst es tiefe Gräben in den Pampaboden und somit auch in die nahe gelegenen Scharrbilder.[61] Ebenfalls im Zusammenhang mit der Panamericana steht die Zerstörung durch Lastkraftwagen, die in das gesperrte Pampagebiet eindringen, um beispielsweise die Maut am Eingang von Nasca zu umgehen oder eine kurze Rast am Fahrbahnrand zu machen, ohne dabei die Abgrenzungen zu beachten.

Quelle: Asociación María Reiche, 08.11.2005 (erhalten in Nasca).

---

[61] LUMBRERAS, anexo 4.

Aber nicht nur die Länder verbindende Ader wirkt sich negativ auf das Gesamtbild der geschützten Pampa aus. Ende Dezember 2009 entlud bei Palpa eine zur Verbesserung der Straßen beauftrage Baufirma ihren Abraum auf einem fünfhundert Meter großen Trapez und beschädigte mit tiefen Fahrtspuren weitere Linien in einer geschützten Zone.[62] Auch kleinere Zufahrtsstraßen und Wege zu Minen oder Siedlungen werden ohne Genehmigung angelegt. Ursachen dafür liegen zum einen im Bevölkerungswachstum und einer damit verbundenen ungeplanten Ausbreitung ländlicher und städtischer Siedlungsgebiete. Auf der anderen Seite bietet die Minenarbeit einen Ausweg aus der Armut, so dass sich ein großer Teil der Einheimischen seinen Pfad abseits der offiziell geregelten Bahnen sucht – sowohl im Arbeitsleben als auch auf Verkehrswegen.

Die Vieh- und Landwirtschaft ist ein weiterer Aspekt, der die Spuren der Nasca-Kultur beschädigt. Durch ungenügende Absperrungen und Aufsicht dringen immer wieder Tierherden in das als Weltkulturerbe geschützte Gebiet ein. Insektenvernichtungsmittel, die in den USA und Europa bereits verboten waren oder noch keiner Überprüfung unterzogen wurden, versprühte man in den Achtzigern weitläufig in den Tälern um Nasca.[63] Abgesehen von einer möglichen gesundheitsschädlichen Wirkung für Mensch und Tier legte sich dieser verunreinigende Belag auch auf die Wüstenbilder.

Ein noch viel verheerenderes Projekt war 1955 geplant. Knapp 20.000 Hektar der Pampa wurden aufgekauft, um darauf eine Baumwollplantage anzulegen.[64] Zur Bewässerung sollten Quellflüsse der Anden angezapft werden, welche das Wasser in Kanälen über weite Entfernungen heran liefern sollten. Die Planungen eines reichen Grundeigentümers waren bereits genehmigt, als Maria Reiche davon erfuhr und sofort in der nationalen und internationalen Presse Alarm schlug. Mit Vorträgen, Artikeln, Audienzen bei Ministerien und Botschaften, erkämpfte sie eine Front gegen dieses Vorhaben. Abgeordnete der südlichen Provinzen, archäologische Behörden und Museumsdirektoren schlossen sich der Verteidigung des jahrtausendealten Erbes an. Der damalige Senator von Ayacucho Luis E. Galván verbildlichte den unschätzbaren Wert dieses Kulturgutes:

> *„Nehmen Sie einmal an, Sie wären Eigentümer eines sehr alten, wissenschaftlichen Buches von einzigartigem Wert in der Welt. Anstatt dieses wie einen Schatz zu bewahren und seine Seiten zu studieren, würden Sie die Seiten dazu benutzen, Grünzeug darin einzuwickeln? – Das ist genau das, was man tut, wenn man die Pampa kultivieren will. Dieses Attentat auf die Kultur ist ein flagranter Rechtsbruch, denn*

---

[62] ROSALES VARGAS, José: *Desmonte de constructora daña dibujo geometric de cultura Nasca*, 27.12.2009, zuletzt besucht am 17.01.2010 auf El Comercio: http://elcomercio.pe/noticia/386580/desmonte-constructora-dana-dibujo-geometrico-cultura-nasca_1.
[63] MORRISON, 127.
[64] SCHULZE, 128ff.

es geht gegen zwei Gesetze und sogar gegen die Verfassung selbst, wenn das Wirtschaftsministerium diese Zone von höchstem Wert freigibt."[65]

Der Servicio Aerofotográfico Nacional und Augustín Bocanegra y Prada, Landbesitzer in Nasca und Abgeordneter des Bezirks Ica, unterstützten die Dresdnerin bei der Organisation einer Fotoausstellung.[66] Diese unterstrich die Bedeutung der Linien und Figuren in der Pampa vor den Augen der Autoritäten des Landes, die schließlich die Genehmigung für das Projekt zurückzogen. Die dadurch wachsende Popularität Maria Reiches sicherte ihr mehr Projekthilfen und finanzielle Zuwendungen zu. Sogar Minister und Abgeordnete standen von da an auf ihrer Besuchsliste, die immer länger wurde.

Doch nach diesem großen und sehr wichtigen Erfolg zur Erhaltung des Kulturerbes bahnte sich in den sechziger Jahren eine neue Bedrohung an. Der unkontrolliert wachsende Fremdenverkehr stellt bis heute ein großes Problem dar. Die vor allem von Däniken angelockten Touristenströme erkundeten die Wüste bei Nasca meist direkt mit dem Auto oder Motorrad, um an die Stellen zu fahren, wo sie Linien und Figuren vermuteten. Die von Steinen frei geräumten Trapezflächen dienten sogar als Picknickplatz.[67]

Zu diesem Zeitpunkt war ein Verbot zum Betreten der Pampa noch nicht absehbar. Selbst das Militär nutzte die Flächen für seine Manöver. Maria Reiche beobachtete in diesem Zuge, wie sie von der Straße abfuhren und neben der Alligatorzeichnung parkten.[68] Auch aktuell kommt es immer wieder zu ähnlichen Begängnissen. Ein weiteres Beispiel sind neuzeitliche Geoglyphen für Werbezwecke oder ähnliches, die das Gesamtbild des Kulturerbes erheblich verändern.

Quelle: Nascaprojekt Dresden: „Dr. Maria Reiche" e.V.

---

[65] Aus einem Artikel in der Zeitung „La Crónica" vom 08.09.1955, entnommen aus SCHULZE, 131.
[66] BOCANEGRA MEJÍA, 50.
[67] MORRISON, 72.
[68] SCHULZE, 173.

Als letzter, aber besonders gravierender zerstörender Eingriff durch Menschenhand sei noch die Grabräuberei genannt, die in kürzester Zeit große Ausmaße angenommen hat. Mittlerweile sollen fast neunzig Prozent der archäologischen Stätten um Nasca geplündert worden sein.[69] Die schönsten ausgegrabenen Keramiken, Textilien und Kunstgegenstände werden meist teuer an Sammler in Europa und den USA verkauft. Man geht aber auch davon aus, dass Museen ihre Exponate lieber preiswert bei den Grabräubern erwerben als eigene, teure Ausgrabungsprojekte zu finanzieren.[70]

> *„Man muss sich das wie einen Wochenmarkt vorstellen, nur dass die Händler statt Obst und Gemüse frisch ausgegrabene Keramiken, Stoffe, Schleudern, ja sogar menschliche Schädel und Mumien im Angebot haben. Die Jagd nach Keramiken aus Profitsucht wird von einer Zerstörung größeren Ausmaßes aus landwirtschaftlicher Notwendigkeit begleitet. Immer wieder entdeckten wir, dass die Linien umgepflügt worden waren, weil die Bauern zusätzliche Flächen für den Anbau von Baumwolle benötigten."*[71]

1969 erfasste Gerald Hawkins auf einem Gebiet mit hoher Geoglyphenkonzentration südlich des Ingenio-Tales ungefähr 1500 intakte Gefäße pro Quadratkilometer. „Bei dem Preis, der für solche Stücke derzeit in New Yorker Antiquitätenläden verlangt wird, dürfte sich der Wert dieses Vasenfeldes auf fünfzehn Millionen Dollar belaufen."[72] Die Grabräuber selbst bekommen allerdings nur einen Bruchteil des Geldes. Doch vor allem in Zeiten von Missernten und schlechten Edelmetallpreisen ist dies immer noch so viel, dass sie sich trotz hoher Strafen nachts in die Pampa begeben und die Ruhestätten ihrer Ahnen ausheben. Auch die weit verbreitete Korruption erleichtert dieses Vorgehen und ermöglicht ein Umgehen der fünfjährigen Haftstrafe oder der Bußgeldzahlung von einer Millionen US-Dollar.[73] César Marcaquispe, Helfer bei archäologischen Ausgrabungen in Palpa, erklärt die Umstände wie folgt:

> *„Ich glaube, die Grabräuberei ist etwas Schlechtes, weil die Grabräuber unser kulturelles Erbe stehlen. Und ich glaube, dass die Grabräuberei besonders schlecht ist für den Staat, weil sie Schaden anrichtet, schlimmen Schaden. Aber die Leute machen das, weil sie so wenig Geld haben und sie klauen, weil sie schon mit ein paar wenigen Grabbeigaben ihren Lebensunterhalt bestreiten können. Die Leute klauen die Teile und verkaufen sie. Ich habe gehört, dass die Grabbeigaben viel wert sind.*

---

[69] ABAD, Cesar: „Palpa y sus condiciones actuales" (Vortrag bei der Primera reunión multisectorial de trabajo am 01.09.2009 in Nasca).
[70] ROHRBACH, 79.
[71] AVENI, 84.
[72] Hawkins, Gerald: „Ancient Lines in the Peruvian Desert", Smithsonian Astrophysical Observatory Special Report 906-4 (1969), S. 16, in AVENI, 86.
[73] DÄNIKEN 2001, 51.

Es sind sehr teure Sachen. Wenn du Glück hast, findest du genug davon in nur einer Nacht oder an einem Tag."[74]

Im Gespräch beschrieb ein Grabräuber mit Enthusiasmus den Ablauf einer nächtlichen Suche nach goldverzierten Textilien oder begehrten Keramiken, die durch die Trockenheit der Küstenwüste sehr gut erhalten sind. Die Gewänder der Verstorbenen zählen mit ihren Maßen von zwanzig Meter Länge und sechs Meter Breite zu den „größten jemals auf alten Webstühlen hergestellten Geweben"[75] und somit für Grabräuber zu Gewinn bringenden Objekten. Für sie unbrauchbare Gegenstände oder Knochenreste werden einfach zur Seite geworfen.

Ein ähnliches Bild hinterlässt die Pfahlkonstruktion „Estaquería" unweit der Tempelanlage von Cahuachi. 1926 fotografierte der Archäologe Duncan Strong die 240 Pflöcke, die in zwölf Reihen mit je zwanzig Pfählen aus dem Boden ragten.[76] Einheimische plünderten diese Konstruktion fast komplett aus, um das Huarango-Holz zu verfeuern oder gefundene Objekte zu verkaufen.

Wissenschaftler sehen durch diese Taten eine wertvolle Quelle ihrer Analysen immer weiter schwinden. Sie versuchen, die Lebens- und Denkweise der damaligen Bewohner mit den übrig gebliebenen Resten der Nasca-Kultur zu erklären. Deren Erforschung trägt zu einem möglichen Wandel des Geschichtsbildes bei, welches wiederum Einfluss auf die Identität der einheimischen Bevölkerung haben könnte. Aber auch im Ausland eröffnen die Erkenntnisse andere Sichtweisen oder führen möglicherweise sogar zur Änderung von Geschichtsbüchern. Durch die Grabräuberei geht somit ein unschätzbares, unwiederbringliches Gut kulturellen Erbes der menschlichen Vergangenheit verloren, die einen wichtigen Teil der Weltgeschichte bildet.

4.3 Was treibt Einheimische dazu, die Spuren ihrer Vorfahren zu zerstören?

Mit Sicherheit spielen bei der Erklärung der Grabräuberei und anderer Zerstörungen des kulturellen Erbes von Nasca zahlreiche Faktoren zusammen, die sich nicht alle bestimmen und ergründen lassen. Zwar verbesserten sich in den letzten Jahren sowohl ökonomische als auch soziale Indikatoren innerhalb Perus, doch im weltweiten Vergleich[77] sind diese noch immer im unteren Bereich anzusiedeln. Das nationale Pro-Kopf-Bruttoeinkommen betrug 2005 in Peru beispielsweise 2.920 $, der weltweite Durchschnitt lag bei 4.406 $ und

---

[74] SIEGLER & MESCHEDE: *Spurensuche in Peru. Das Rätsel der Wüstenbilder*, Dokumentation WDR 2004.
[75] STIERLIN, 118.
[76] ROHRBACH, 134.
[77] INSTITUTO NACIONAL DE ESTADÍSTICA E INFORMÁTICA 2008.

in den industrialisierten Nationen bei 37.217 $. Die Sterblichkeit von Kindern unter fünf Jahren lag 2006 in Peru bei 25 von 1.000 Kindern, weltweit waren es 72 und in den Industrienationen 6. Knapp 40 Prozent der peruanischen Bevölkerung lebten 2007 in Armut, 14 Prozent in extremer Armut. Dies sind nur einige Beispiele, die verdeutlichen sollen, dass die Peruaner vor allem finanziellen Schwierigkeiten und einer unzureichenden Gesundheitsversorgung ausgesetzt sind.

Auch innerhalb Perus unterscheidet sich die Lebenssituation der Bevölkerung in den drei Zonen Costa, Sierra und Selva, wobei erstere die beste Wirtschaftslage aufweist. Betrachtet man beispielsweise Statistiken[78] zur Armut und extremen Armut, waren 2007 im Küstenbereich „nur" 22,6 beziehungsweise 2,0 Prozent der dort ansässigen Bevölkerung betroffen. In der Sierra hingegen lebten in jenem Jahr 60,1 beziehungsweise 29,3 Prozent der Menschen unter diesen Bedingungen. Zwar ist die Bestimmung solcher Daten auf Grund wechselnder Maßstäbe stark umstritten, in diesem Falle veranschaulichen sie dennoch das Ungleichgewicht innerhalb des Landes. Auch die ländliche Bevölkerung ist mit 64,8 beziehungsweise 32,9 Prozent armer und extrem armer Menschen viel stärker betroffen als die städtische mit 25,7 und 3,5 Prozent.

Der Bezirk Ica liegt zwar in der Küstenregion und weist insgesamt mit 15,1 und 0,3 Prozent die geringsten Armutsraten des Landes auf, aber auch um Nasca und Palpa wohnen 18,1 beziehungsweise 50,4 Prozent der Bevölkerung in den betroffenen ländlichen Gebieten.[79] Dort ist vor allem der Zugang zur Bildung erschwert, wodurch die Analphabetenrate viel höher ausfällt als in der Stadt.[80] In Folge ist es oft schwierig, Arbeit zu finden und die eigene Familie zu ernähren.

Früher fanden viele Einheimische eine Beschäftigung in den Metallbergwerken und verdienten zumindest das nötige Geld zum Überleben. Doch der Einsatz neuer Maschinen drängte sie zur Suche nach anderen Erwerbsmöglichkeiten, zu denen neben anderen Dienstleistungen wie Schmuckverkauf oder Tourismusangeboten leider auch die Grabräuberei zählt. Starke Erdbeben erschweren die Lebenssituation zusätzlich und stellen die Bewohner immer wieder an den Rand des Existenzminimums. 1996 wurde fast ein Drittel von Nasca zerstört. 2005 folgte das nächste schwerere Beben, dessen Schäden zum Teil noch heute behoben werden.

Das auf das Kulturerbe bezogene fehlende Bewusstsein der heutigen Nasca-Bevölkerung wird ebenso häufig als Grund für Zerstörung und fehlende Schutzmaßnahmen genannt.

---

[78] INSTITUTO NACIONAL DE ESTADÍSTICA E INFORMÁTICA 2008.
[79] del Solar Dibós, María Elena: „Contexto Antropológico de la cuenca del Río Grande", in LUMBRERAS, 3.
[80] Siehe Anhang 1 & 2.

Doch woran liegt es, dass vor Ort und in entsprechenden Institutionen zwar viel von geplanten Projekten geredet wird, letztendlich aber nicht viel passiert?

Ein wichtiger Einflussfaktor ist die in den letzten Jahren sehr hohe Migrationsrate, die im Zusammenhang mit der vorher genannten Armut und Arbeitslosigkeit steht. Dabei erhoffen sich vor allem Bevölkerungsgruppen aus den sehr armen benachbarten Sierra-Bezirken Ayacucho und Huancavelica bessere Verdienstmöglichkeiten und Lebensverhältnisse in der Küstenregion. Durch Zuwanderungen verändert sich die Zusammensetzung der ansässigen Bevölkerung. Somit ist es verständlich, dass den Neuankömmlingen der Bezug zu den Bildern im Wüstenboden oder anderen Ruinenstätten fehlt. Auf der Suche nach Arbeit oder bereits in eine Tätigkeit eingespannt, bleibt ihnen im Gegensatz zu den täglich anreisenden Touristen keine Zeit, sich mit der näheren Umgebung zu beschäftigen und diese besonders wertzuschätzen.

Wenn das Geld für Essen und Unterkunft reichen soll, können sich viele einen Besuch der archäologischen Stätten auch nicht leisten. Ein 45minütiger Flug über die Pampa kostet ungefähr fünfzig Dollar. Zwischen 1995 und 2005 lebten in Peru elf Prozent der Bevölkerung mit weniger als einem Dollar täglich.[81] Davon bleibt nichts übrig, um einen Museumsbesuch geschweige denn die Busfahrt zu einer der Anlagen zu bezahlen.

Bei einer Umfrage über archäologische Stätten der Region[82] in zwei Schulen in Nasca gaben 99 der 122 befragten Schüler den Wunsch an, eines Tages über die Wüstenbilder zu fliegen. Knapp ein Fünftel der Interviewten hat sich diesen Traum schon erfüllt, wobei nicht ausgeschlossen ist, dass die korrekte Zahl auf Grund falscher Angaben noch niedriger ist. Doch gerade der bei Touristen so beliebte Blick aus der Luft ist so einprägsam und beeindruckend, dass er auch der einheimischen Bevölkerung die Augen für das so genannte „Achte Weltwunder"[83] öffnen könnte. Schließlich sind die damaligen Nasca trotz ihres Verschwindens über die Jahrtausende Vorfahren der heutigen Peruaner und bieten mit ihren Hinterlassenschaften allen Grund, stolz darauf zu sein.

Besonders das Bewusstsein der jüngeren Generation für einen schützenden Umgang mit kulturellen Erbstücken könnte gestärkt werden, wenn zukünftig vor allem im Bildungssektor mehr Wert auf regionale Kulturgeschichte gelegt wird. Momentan gewinnen Schüler in ganz Peru im Fach Sozialwissenschaften nur einen generellen Überblick über die zahlreichen Völker, die noch vor den Inka im Lande lebten und herausragende Erbstücke hinter-

---

[81] INSTITUTO NACIONAL DE ESTADÍCSTICA E INFORMÁTICA 2008.
[82] Umfrage siehe Anhang 3.
[83] AVENI, 318; SIEGLER & MESCHEDE: *Spurensuche in Peru. Das Rätsel der Wüstenbilder*, Dokumentation WDR 2004.

ließen.[84] So wird in Nasca häufig genauso wenig über deren damalige Bewohner gelehrt wie beispielsweise in der Hauptstadt Lima. Doch die lokale Stärkung scheint besonders lohnenswert, da sich fast alle befragten Kinder in Nasca und Umgebung sehr wohl fühlen. Die Kleinstadt sei sehr entspannt und weniger gefährlich als andere Orte Perus. Hier können sie ohne Angst mit ihrer Familie leben und Freunde auf der Straße treffen. Aber auch die archäologischen Stätten in der näheren Umgebung lassen sie Stolz empfinden, in einer Stadt zu wohnen, die so viele Menschen aus der ganzen Welt täglich besuchen.

Diese persönlichen Verbindungen zum Weltkulturerbe spielen eine wichtige Rolle, wenn es um den Schutz der noch vorhandenen Spuren vergangener Kulturen geht. Mit dem Bewusstsein, wie wertvoll und einzigartig die jahrtausendealten Überreste sind, werden diese Schüler möglicherweise andere Wege suchen, um ihren Lebensunterhalt zu verdienen und somit ihre eigene Vergangenheit zu schützen. Dennoch sehen viele ihre Zukunft außerhalb Nascas oder Perus, da sie sich in Lima oder im Ausland bessere Chancen auf Arbeit erhoffen. Immerhin ein Drittel der Schüler kann sich vorstellen, in ihrer Heimatstadt zu bleiben und in verschiedensten Bereichen tätig zu werden.

---

[84] Siehe Inhaltsverzeichnis Lehrbuch *Socio Mundo 1. Primero de Secundaria* von GUEVARA ESPINOZA.

5 Chancen und Gefahren des Tourismus

5.1 Positive Entwicklungen in Peru und Nasca

Eine mittlerweile sehr wichtige Einkommensquelle in Nasca und ganz Peru bildet der stetig wachsende Tourismus.[85] Die Chancen und Risiken dieses Sektors zur Bekämpfung von Armut beziehungsweise als Entwicklungsfaktor in der Dritten Welt werden in verschiedenen wissenschaftlichen Arbeiten an speziellen Beispielen diskutiert.[86]

Die Zahl internationaler Touristenankünfte hat sich zwischen 1950 und 2004 verdreißigfacht und erreichte im Jahr 2008 mit 924 Millionen Reisenden weltweit einen Zuwachs von zwei Prozent.[87] Mit diesen Anstiegen und fest programmierten Wachstumsraten gilt der Fremdenverkehr als „Boombranche".[88] Der Anteil des „Entwicklungsländer" - Tourismus lag im Jahre 1950 nur bei 8,1 Prozent, zur Jahrtausendwende schon bei 31,5 Prozent[89] und 2004 mit 271 Millionen Reisenden bei 36 Prozent.[90]

Durch vergleichsweise kostengünstige und konkurrenzfähige Angebote kann eine Vielzahl der touristischen Attraktionen in diesen Ländern gut verkauft werden. Sowohl einzigartige Naturdenkmäler als auch traditionsreiche indigene Kulturen ziehen Millionen Menschen zu einem Besuch an. Mit dieser positiven Reiseverkehrs- und Leistungsbilanz sieht ein Großteil der „Entwicklungsländer" den Tourismus als Einnahmequelle für Devisen.[91] Sie erhoffen sich den Ausgleich negativer Handelsbilanzen, die Verringerung der Auslandsverschuldung durch Investitionen in die Tourismuswirtschaft sowie darauf folgende Gewinne. Als Beschäftigungs- und Einkommensquelle soll der Tourismus soziale und räumliche Ungleichgewichte beheben.[92] Schon die Reformjunta unter Velasco ab 1968 positionierte den Tourismus als „wichtigen Devisenbringer" und „wichtiges Mittel zur Selbstdarstellung des peruanischen Volkes".[93] Auch die Regierung Belaúndes ab 1980 erhoffte sich in die-

---

[85] Grafik siehe Anhang 4.
[86] Siehe Butler, Margraf, Mowforth, Petermann, Petri, Sirucek, Vorlaufer.
[87] World Tourism Organization: *Barometer Volume 8, No.1, Januar 2010*, Grafik „International Tourist Arrivals by (Sub)region", S.5, zuletzt besucht am 02.02.2010 auf:
http://www.unwto.org/facts/eng/pdf/barometer/UNWTO_Barom10_1_en_excerpt.pdf.
[88] Petermann 1998, 10.
[89] Sirucek, 6.
[90] Arbeitskreis Tourismus & Entwicklung (Plüss, Christine u.a.): *fairunterwegs – Tourismus in Entwicklungsländern – Globale Verteilung*, zuletzt besucht am 17.01.2010 auf:
http://www.fairunterwegs.org/fileadmin/ContentGlobal/PDF/Tourismus_Entwicklungslaender.pdf.
[91] Margraf, 9.
[92] Sirucek, 6.
[93] Gaigl, K.: „Entwicklungsmodell Peru. Der Versuch eines `Dritten Weges´", Paderborn 1980, 30, entnommen aus Petri, 49.

sem Sektor „die Lösung des Zahlungsproblemes, die Verringerung der Arbeitslosigkeit und den Ausgleich der regionalen Gegensätze".[94]

Das wirtschaftliche, politische und kulturelle Zentrum Perus liegt seit der Eroberung der Neuen Welt in Lima. Wie bereits erwähnt, verursacht die dadurch entstehende ungleiche Raumstruktur ständige Migrationsbewegungen, deren Ziel meist die Küste und dabei vor allem die Hauptstadt ist.[95] In Lima leben mittlerweile fast dreißig Prozent der 29,2 Millionen Peruaner. Gründe sind unter anderem schlechtere Strukturmerkmale im ländlichen Raum mit einem niedrigeren Lebensstandard, Ausschluss aus staatlichen Gütern und Dienstleistungen, sowie persönliche Motive.

Zwar konnten einige dieser Probleme, wie eine flächendeckendere Schulbildung und damit die Senkung der Analphabetenrate in den letzten Jahren sichtlich verbessert werden, doch die Vision eines besseren Lebens in der Stadt bleibt bis heute bestimmend. Im Zuge dieser Landflucht und der zunehmenden Monopolisierung Limas könnte der Tourismus in wirtschaftlich weniger entwickelten Gebieten Strukturbildungen stärken, um den räumlichen Disparitäten entgegen zu wirken. Durch den hohen Verflechtungsgrad mit verschiedenen Wirtschaftszweigen entstehen neue Arbeitsplätze und Infrastruktur, so dass letztendlich auch die Migration reduziert werden kann. Häufig werden Verkehrs-, Informations- und Kommunikationstechnologien ausgebaut, die der Bevölkerung einen besseren Zugang zu Medien, Dienstleistungen oder Gesundheitsversorgung ermöglichen.

In Nasca liegt der Beginn erster Besucherfluten Ende der sechziger Jahre. Maria Reiche leistete mit ihren Veröffentlichungen und Bemühungen, weltweites Interesse zu wecken, einen wichtigen Beitrag zum Tourismusgeschäft. Auch ihr Kampf um den Schutz der Pampa wird noch heute geehrt, da sonst viel größere Flächen des Kulturerbes und somit auch die Basis für den Fremdenverkehr für immer verloren gegangen wären.

Mit dem Aufkommen der radikalen Guerrillabewegung Sendero Luminoso 1980 nahmen die Besucherzahlen in den Achtzigern stark ab. Die Regierung Belaúndes kämpfte mit Gewalt gegen die von dem Philosophieprofessor Abimael Guzmán gegründete Terroristengruppe aus Ayacucho und verursachte damit ebenfalls eine hohe Zahl von Todesopfern. Betroffen war vor allem die indigene Bevölkerung, die für potenzielle Revolutionäre ge-

---

[94] Ministerio de Industria, Turismo en Integracion (MITI): „Situación del Sector Turismo, Objectivos Politicas – Estrategias", Lima 1982, 78f., entnommen aus PETRI, 49.
[95] INSTITUTO NACIONAL DE ESTADÍSTICA E INFORMÁTICA: Gráfico No.1.4, *Perú: Evolución de la distribución de la población censada, por región natural, 1940-2007*, zuletzt besucht am 17.01.2010 auf: http://www.naimad.de/wp/wp-content/uploads/2008/11/landflucht-kueste-statistik-bevoelkerungsverteilung-peru1.jpg.

halten wurde. In Lima kam es zu wöchentlichen Bombenanschlägen und Überfällen auf Touristen. Diese Schreckensberichte verbreiteten sich in der ganzen Welt und veranlassten viele Reisende dazu, Peru vorerst nicht zu besuchen. Auch der 1985 zum Präsidenten gewählte Alan García – seit 2006 erneut in diesem Amt tätig – konnte den internen Krieg und einen Niedergang der Wirtschaft nicht aufhalten. Zwar kontrollierte die Regierung das Andenbergland Ende der achtziger Jahre weitestgehend, die Spitze der Bewegung wurde aber erst 1992 unter Alberto Fujimori verhaftet.

Seitdem wächst der Zustrom in- und ausländischer Touristen mit kleinen Schwankungen wieder an. 2008 überflogen ungefähr 140.000 Touristen die Pampa von Nasca.[96]

Die meisten bleiben jedoch nur eine Nacht in dem kleinen Städtchen am Rande der Steinwüste. Um das touristische Potenzial noch mehr auszuschöpfen, sollen zukünftig auch andere archäologische Stätten und besuchenswerte Orte in der naheliegenden Umgebung erschlossen und verstärkt beworben werden. Vor allem die Tempelgebäude in Cahuachi oder die Bewässerungsanlagen rund um Nasca könnten mehr in Besichtigungstouren einbezogen werden, um Reisende länger im Ort zu behalten und somit mehr Gewinn zu erzielen. Ebenso ist der stärkere Einbezug der Nachbarstadt Palpa in Planung.

Übernachtungen bilden neben Transport und Verköstigung den wichtigsten Anteil touristischer Einnahmequellen.[97] Allein in den letzten sechs Jahren hat sich in Nasca die Anzahl an Unterkünften verdoppelt. 2003 konnten in 32 Quartieren knapp 1.000 Schlafplätze zur Verfügung gestellt werden. 2009 waren es bereits 64 Herbergen mit 1.800 Betten.[98] Betrachtet man diese Zahlen im Gesamtbild Perus, hat Nasca als Touristenziel einen sehr wichtigen Platz eingenommen. Auf der beliebten Südroute gelegen, besuchten 2008 vierzehn Prozent der zwei Millionen Peru-Reisenden das Pampastädtchen im Süden von Lima.[99]

Die alte Inkahauptstadt Cusco bietet mit ihren umliegenden Festungen, allen voran Machu Picchu, den Hauptanziehungspunkt für peruanische und ausländische Touristen, gefolgt vom über viertausend Meter hoch liegenden Titicacasee und der aus Vulkangestein gebauten Stadt Arequipa mit dem nahe gelegenen Colca-Canyon. Andere Orte im Norden Perus werden weitaus weniger besucht, obwohl sie ebenso interessante archäologische Stätten und Naturschönheiten zu bieten haben. Doch oft beschränkt sich die Reisedauer auf zwei

---

[96] Laut D´Ans Alleman, Berthelémy, Vizepräsident der Cámara de Turismo de Nasca.
[97] Grafik siehe Anhang 5.
[98] MINISTERIO DE COMERCIO EXTERIOR Y TURISMO: *Encuesta Mensual de Establecimientos de Hospedaje* (gedruckte Statistiken, erhalten vom MINCETUR Lima am 23.08.2009)
[99] Statistik siehe Anhang 6.

bis drei Wochen, so dass sich die meisten für eine Tour durch den peruanischen Süden entscheiden und dabei auch die Spuren der damaligen Nasca-Bewohner entdecken wollen. Die Gesamteinnahmen aus dem Tourismussektor bilden zwar nur einen geringen Teil des peruanischen Bruttoinlandsproduktes – 2001 waren dies mit über sechs Milliarden Soles 3,3 Prozent[100] –, im Einzelfall bieten sie aber einen lukrativen Ausweg aus der Armut oder eine bessere Geldquelle als die Grabräuberei. Die Verdreifachung der Devisen innerhalb von sechs Jahren[101], die durch den Tourismus ins Land flossen, verdeutlichen das Potenzial dieser Einkommensquelle sowohl für Nasca als auch für Peru. Allein im Hotel- und Gastgewerbe konnten 2007 in Nasca rund 850 Arbeitsplätze gestellt werden.[102] Laut World Travel and Tourism Council (WTTC) stellte der Tourismus 2005 rund 2,8 Prozent aller Arbeitsplätze weltweit, mit Einbezug indirekt Beschäftigter sogar 8,3 Prozent.[103]

Da die Tourismusindustrie mit vielen anderen Sektoren verknüpft ist, profitieren auch Transportunternehmen, Baubranche, Landwirtschaft, Handel, Banken, Kunsthandwerk und zahlreiche andere Bereiche von den ankommenden Besuchern. Neben der noch weitläufig betriebenen Landwirtschaft und dem Handelssektor wächst die Tourismusindustrie mit all ihren Dienstleistungen zu einer bedeutenden Einkommens- und Arbeitsplatzquelle in Nasca an. Noch zur Jahrtausendwende verließen mehr Einwohner die Stadt, um wie bereits erläutert, beispielsweise in Lima nach einem Job zu suchen.[104] Heute ist diese Migrationsbewegung rückläufig: Nasca zieht andere Peruaner an. Die Hoffnung, im Tourismussektor arbeiten zu können, ist ein Grund dafür.

5.2 Gefahren des komplexen Tourismusnetzwerkes

Auf der anderen Seite dieser sehr wichtigen und förderlichen Effekte des Tourismus stehen jedoch zahlreiche wirtschaftliche, ökologische und sozio-kulturelle Risiken und Kritikpunkte, die genauso ernst genommen werden sollten. Die Rahmenbedingungen touristi-

---

[100] Statistik siehe Anhang 7.
[101] Statistik siehe Anhang 8.
[102] INSTITUTO NACIONAL DE ESTADISTICA E INFORMÁTICA: *Censos Nacionales 2007: XI de Población y VI de Vivienda*, zuletzt besucht am 17.01.2010 auf: http://desa.inei.gob.pe/censos2007/tabulados/, actividades distrito Nasca, no. 21: población económicamente activa de 14 y más años de edad, por categoría de ocupación, sexo y rama de actividad económica.
[103] ARBEITSKREIS TOURISMUS & ENTWICKLUNG (Plüss, Christine u.a.): *fairunterwegs – Arbeitsmarkt Tourismus*, zuletzt besucht am 17.01.2010 auf:
http://www.fairunterwegs.org/fileadmin/ContentGlobal/PDF/Arbeitsmarkt_Tourismus.pdf;
WORLD TRAVEL & TOURISM COUNCIL: *Tourism impact forecasting tool*, zuletzt besucht am 17.01.2010 auf: http://www.wttc.org/eng/Tourism_Research/Tourism_Impact_Data_and_Forecast_Tool/.
[104] del Solar Dibós, María Elena: „Contexto Antropológico de la cuenca del Río Grande", in LUMBRERAS, 4.

scher Entwicklungen sollen durch internationale Organisationen wie die World Tourism Organization oder den World Travel and Tourism Council entworfen werden. Mit Hilfe von Gesetzen, Steuern, Fördermitteln, Gütesiegeln, Wettbewerben, Selbstverpflichtungen und der Information des Kunden können Risiken minimiert werden.[105]

5.2.1 Ökonomische Risiken für die Bevölkerung

Wie das Beispiel des Sendero Luminoso zeigt, kann der Fremdenverkehrssektor durch politische Unruhen und saisonale Schwankungen stark beeinträchtigt werden. Bis 2003 kam es durch eine schwache Weltwirtschaft, die Anschläge vom elften September 2001, die Infektionskrankheit SARS und den Irakkrieg zu weiteren Einbrüchen.[106] Wie die Statistiken der Flüge über Nasca[107] zeigen, ging auch die Finanzkrise nicht spurlos an den zahlenden Touristen vorbei. Die Zahl weltweiter Touristenankünfte ging 2009 auf 880 Millionen zurück.[108]

Die Gefahr einer versteckten Arbeitslosigkeit beziehungsweise der ökonomischen Abhängigkeit und Angreifbarkeit ist besonders hoch, wenn Besucherzahlen auf Dauer drastisch sinken oder die Wirtschaft ausschließlich auf Tourismus ausgelegt wird. Nachfrageschwankungen, beispielsweise bedingt durch die wirtschaftliche Entwicklung in Entsendeländern, Epidemien oder Terroranschläge, wirken sich bei einseitiger Tourismuswirtschaft noch stärker aus, da diese direkt vom Ausland abhängt und keine Alternativen bietet. Es kommt zur Angebotskonkurrenz und somit in manchen Fällen zu einer aggressiven Preispolitik, bei der immer ein Teil der Beschäftigungen verloren geht. Berücksichtigt werden muss außerdem, dass in angestammten Erwerbszweigen Arbeitsplätze durch den Fremdenverkehr schwinden können, wenn beispielsweise Fischern der Zugang zum Strand verweigert wird.

Die Internationale Arbeitsorganisation (ILO) fand in ihren Studien[109] heraus, dass die Arbeitsbedingungen im Tourismusgeschäft häufig schlechter sind als in anderen Wirtschafts-

---

[105] PETERMANN 1998, 153ff.; siehe auch: ARBEITSGEMEINSCHAFT FÜR NACHHALTIGE TOURISMUSENTWICKLUNG (DANTE): *Rio +10. Rote Karte für den Tourismus? 10 Leitsätze und Forderungen für eine zukunftsfähige Entwicklung des Tourismus im 21. Jahrhundert*, zuletzt besuche am 17.02.2020 auf: http://www.tourism-watch.de/fix/26/rio10de.pdf.
[106] SIRUCEK, 4.
[107] Statistik siehe Anhang 12.
[108] WORLD TOURISM ORGANIZATION: *Barometer Volume 8, No.1, Januar 2010*, Grafik „International Tourist Arrivals by (Sub)region", S.5, zuletzt besucht am 02.02.2010 auf:
http://www.unwto.org/facts/eng/pdf/barometer/UNWTO_Barom10_1_en_excerpt.pdf.
[109] ARBEITSKREIS TOURISMUS & ENTWICKLUNG (Plüss, Christine u.a.): *fairunterwegs – Arbeit*, zuletzt besucht am 17.01.2010 auf: http://www.fairunterwegs.org/themen/arbeit.html
http://www.fairunterwegs.org/themen/arbeit.html.

bereichen. Unregelmäßige Arbeitszeiten, niedrige Löhne, fehlende Verträge, Versicherungen und Kündigungsschutz sind Indikatoren dafür. Meist werden Frauen beschäftigt, die für dieselbe Tätigkeit weniger verdienen als ihre männlichen Kollegen und zusätzlich auch noch den Haushalt bewältigen müssen. Auch die Autorin Sirucek ordnet die Beschäftigungen in diesem Sektor am untersten Niveau der Verdienstmöglichkeiten und Arbeitsbedingungen ein. Sie gelten als schlecht bezahlt und fordern hohe Überstundenzahlen vom Arbeitnehmer ab. In der Nebensaison können viele der Touristenführer, Hotel- und Restaurantangestellten nicht beschäftigt werden, so dass sie sich mit anderen Arbeiten, wie beispielsweise der Grabräuberei, über Wasser halten oder auf die nächste Saison hoffen. Nur ein geringer Teil des Dritte-Welt-Tourismus erfordert qualifizierte Fachkräfte, so dass Löhne niedrig und weitere Jobs nötig sind.[110]

In Peru hat die Tourismusausbildung jedoch eine lange Tradition. Anfang der sechziger Jahre wurde die Escuela Nacional de Turismo gegründet. Das Ministerio de Comercio Exterior y Turismo bemüht sich außerdem seit längerem, dieses Themengebiet in den Lehrplan zu integrieren, so dass ausreichend Fachkräfte im Lande sind und nur wenige ausländische Experten benötigt werden.[111] Denn auch der Einsatz von Arbeitskräften aus anderen Ländern ist ein Kritikpunkt, da die eingenommenen Devisen wieder abfließen und nicht in Peru bleiben.[112]

Manuela Margraf verfolgt in ihrer Arbeit die These[113], dass ohne Regeln und Planung vor allem die weiße, besser gestellte Minderheit von der Reiseindustrie profitiert. Vorhandene Ungleichgewichte könnten sich eher verstärken, so dass existierende Probleme wie hohe Arbeitslosigkeit, Armut, regionale Disparitäten und Kriminalität zunehmen. Mit der Einbindung benachteiligter ethnischer Gruppen im so genannten „Community Based Tourism" sieht sie eine Möglichkeit, Risiken sozial- und umweltverträglich entgegen zu wirken. Ähnliches gilt für Importe von Waren und Dienstleistungen, die möglichst gering gehalten werden müssen, um tatsächlich eine hohe Vernetzung mit anderen Wirtschaftszweigen zu erzielen und die inländischen Einnahmen zu erhöhen. Um dem räumlichen Ungleichgewicht entgegen wirken zu können, sollten dabei regionale Güter zum Ausbau der touristischen Infrastruktur bevorzugt werden.

---

[110] MARGRAF, 8.
[111] EL COMERCIO: *El turismo en la escuela*, zuletzt besucht am 17.01.2010 auf der Internetseite der Agencia Española de Cooperación Internacional para el Desarrollo/ Oficina Técnica de Cooperación en Perú, http://www.aeci.org.pe/noticias/?accion=showDetail&id=105.
[112] PETRI, 110.
[113] MARGRAF, 1.

Petri verdeutlicht am Beispiel Cuscos[114], dass mit den ersten Tourismusmärkten kaum relevante Entwicklungseffekte auftraten, da die meisten Waren von Firmen aus Lima stammten. Sind also notwendige Wirtschaftssektoren in bestimmten Gebieten nicht vorhanden, wird auch eine Vernetzung mit Rückkopplungseffekten nur schwer möglich sein. Aber zumindest bleiben investierte Gelder innerhalb Perus, wenn Güter aus dem eigenen Land verwendet werden. Wie Studien der UN-Konferenz für Handel und Entwicklung (UNCTAD) ergaben, fließt in „Entwicklungsländern" durchschnittlich die Hälfte der Einnahmen des Tourismusgeschäftes wieder ins Ausland zurück.[115]

Sirucek stellt weiterhin die Verdrängung der Landwirtschaft als großes Problem dar, da einheimische Agrarprodukte durch ein verringertes Angebot immer teurer werden. Auch die Grundstückspreise in den Touristenzentren steigen explosionsartig an und erschweren die Ansiedlung Einheimischer.[116]

5.2.2 Ökologische Folgen

Der wachsende Flächenverbrauch hat nicht nur finanzielle Folgen. Abgesehen von den erläuterten wirtschaftlichen Risiken wirkt sich der weltweite Tourismus zunehmend negativ auf das Ökosystem aus. Die Versiegelung des Bodens im Zuge der Urbanisierung zerschneidet das ursprüngliche Landschaftsbild, zerstört reizvolle Gegenden und wie bereits erwähnt auch Kulturdenkmäler. Zahlreiche Pflanzen- und Tierarten verlieren ihre Lebensräume.

Beispielsweise wirkt das Gesamtgewicht der bis zu viertausend Touristen, die täglich Machu Picchu betreten, mit seinen 280 Tonnen fast wie ein permanentes kleines Erdbeben, unter dem Ruinen und Natur leiden. Doch auf Grund der profitablen Einnahmen soll diese Inkafestung trotz der UNESCO-Obergrenze von fünfhundert Besuchern in Zukunft sogar bis zu zehntausend Anreisende Tag und Nacht anlocken.[117]

Vor allem in ressourcenarmen Ländern wird der erhöhte Verbrauch zu einem schwierigen Problem. Reich bewässerte Golfanlagen in einer Wüstenlandschaft, in der die Bevölkerung kaum noch Trinkwasser findet, ist eins von vielen Beispielen, die nicht nur „Entwick-

---

[114] PETRI, 183.
[115] ARBEITSKREIS TOURISMUS & ENTWICKLUNG (Plüss, Christine u.a.): *fairunterwegs – Tourismus in Entwicklungsländern – Globale Verteilung*, zuletzt besucht am 17.01.2010 auf:
http://www.fairunterwegs.org/fileadmin/ContentGlobal/PDF/Tourismus_Entwicklungslaender.pdf.
[116] SIRUCEK, 6.
[117] ADERS, Thomas: *Reise ins Reich der Inka. Spurensuche in den Anden Perus. 1.Teil – von der Küste ins Herz des Inka-Reichs*, Produktion des ARD Studios Rio de Janeiro für Phoenix 2010; ADERS, Thomas: *Machu Picchu - Ein Weltkulturerbe wird zertrampelt*, 2009, zuletzt besucht am 17.01.2010 auf:
http://www.daserste.de/Weltspiegel/beitrag_dyn~uid,uvpxsjca5hvymr3a~cm.asp.

lungsländer" betreffen. In Nasca werden bereits Brunnen illegal angezapft, wodurch der Gesamtfluss unterirdischen Wassers aus dem Gleichgewicht gebracht wird. Der zunehmende Bedarf an Möbeln, Nahrungsmitteln und Kohle verwandelt die noch früher als „mancha verde"[118] bezeichneten fruchtbaren Flusstäler in eine sich ausbreitende Wüstenlandschaft. Dünen können ungehindert in besiedelte Zonen eindringen, da der Huarango-Baum mittlerweile nur noch an vereinzelten Stellen wächst.

Das erhöhte Abfallvolumen stellt eine weitere Schwierigkeit dar, da die Entsorgung häufig ungeregelt und somit überall verteilt erfolgt. Kanalisationsnetze mit einer gesicherten Klärung sind Mangelware. In Nasca bringen manche Einheimische ihren Müll regelmäßig auf Karren geladen zum Flussufer, so dass es bei einer Überquerung des trockenen Steinbettes nicht nur in allen Regenbogenfarben leuchtet, sondern auch einen unangenehmen Geruch verbreitet.

Quelle: eigene Aufnahme, 15.10.2009.

Häufig fehlen sowohl das Bewusstsein als auch die nötigen Anlagen, um Abfallberge umweltgerecht zu entsorgen. Mülleimer oder -container müssen Einheimische sowie Touristen länger suchen. Doch auch in abgelegenen Gebieten findet man häufig Plastikverpackungen und andere nicht zersetzbare Rückstände, die unbedacht weggeworfen wurden.

Abgesehen von den lokalen Auswirkungen, trägt der Tourismus auch zur globalen Umweltverschmutzung bei. Egal ob Rucksacktourist oder exquisiter Hotelurlauber: Der Transport zum Urlaubsziel macht neunzig Prozent des Energieverbrauches einer Reise aus und gehört somit zu den größten durch Tourismus hervorgerufenen Umweltbelastungen.[119]

---

[118] Aussage Josué Lanchos.
[119] MARGRAF, 10.

Fernreisen – unter anderem in „Entwicklungsländer" – werden immer beliebter, so dass der internationale Flugverkehr an seine Kapazitätsgrenzen stoßen kann.

5.2.3 Sozio-kulturelle Auswirkungen: Vom Kulturkontakt zum Kulturwandel

Neben den bisher beschriebenen ökonomischen und ökologischen Folgen des Tourismusgeschäftes ist der Einfluss auf Sozialstrukturen und kulturelle Veränderungen wesentlich schwieriger abzuschätzen. Deshalb werden sie in diesem Abschnitt vorerst allgemein erläutert, um sie im folgenden Teil speziell am Beispiel der Nasca-Identität zu beschreiben.

In Diskussionen über die Auswirkungen des Tourismus stehen die Renaissance des kulturellen Erbes oder gar eine völkerverständigende Wirkung häufig der Kommerzialisierung der eigenen Kultur oder der Stärkung im Ausland geprägter Vorurteile gegenüber.

Wenn sich der Reisende nicht in größter Abgeschiedenheit aufhält, kommt es immer zum Kontakt zweier Kulturen, der ganz unterschiedliche Abläufe und Auswirkungen haben kann. Laut dem verstorbenen Professor für Sozialwissenschaften, Gesellschafts- und Entwicklungspolitik Hans Zwiefelhofer[120] ist der sozio-kulturelle Wandel umso größer, je zahlreicher, verschiedenartiger und dauerhafter die Berührungspunkte sind. Dabei unterscheidet sich die Ausgangssituation der Reisenden stets von der der Bereisten. Während Urlauber nach eigenem Ermessen und Möglichkeiten nur eine begrenzte Zeit mit der Kultur des Zielortes in Kontakt kommen, ist die lokale Bevölkerung diesem Aufeinandertreffen in Tourismusgebieten dauerhaft ausgesetzt.

Dworschak beschreibt diese unterschiedlich wirkenden Begegnungen wie folgt: „Mit zunehmender Häufigkeit der Kontakte entwickeln die Angehörigen der Gastgesellschaft gewisse Muster des Umgangs mit Reisenden, für sie wird zur alltäglichen Routine, was für die Touristen außergewöhnlich bleibt."[121] Demnach ist ein kultureller Wandel auf der Seite des besuchten Volkes – abhängig von der Quantität der Ankömmlinge – eher zu erwarten als unter denen, die sich nur ein paar Wochen fern von ihrer Heimat befinden. Das gilt besonders für „Entwicklungsländer", da nur ein kleiner Teil deren Bevölkerung die Möglichkeit hat, den Wohnort zu verlassen und den Touristenströmen hin und wieder zu entkommen, besonders wenn diese Unterkunft im eigenen Haus finden.

---

[120] Zwiefelhofer, H.: ´Modernisierung oder Entwicklung. Zum Problem der Akkulturation in den Beziehungen zur Dritten Welt´, in: „E&Z, Nr. 1", 1980, 4, in PETRI, 185.
[121] DWORSCHAK, 23.

Petermann verdeutlicht dieses Gefälle mit weltweiten Einkommens- und Beschäftigungsverhältnissen.[122] Der Hauptteil der Erwerbstätigen arbeitet in Ländern mit niedrigem Pro-Kopf-Einkommen, aber das reichste Fünftel der Weltbevölkerung besitzt über achtzig Prozent des gesamten Welteinkommens, das ärmste nur 1,5 Prozent. Der Lebensstandard im Norden ist 25 Mal höher als im Süden. Außerdem nehmen in den Industrienationen Wohlstand und Freizeit immer mehr zu, so dass deren Bewohner noch häufiger eine weite Reise antreten. Technologische Entwicklungen im Verkehrswesen, eine zunehmende Liberalisierung im grenzüberschreitenden Verkehr, ein weltweites Netzwerk der Reiseverkehrswirtschaft sowie zunehmende Informationen über alle Länder weltweit erleichtern das Wachstum internationaler Touristenankünfte. Die Bevölkerung der „Entwicklungsländer" kann sich diesen Luxus jedoch nur sehr selten leisten, geschweige denn sich zurückziehen. Nur drei bis fünf Prozent aller Menschen verreisen laut World Tourism Organization ins Ausland. Der Großteil international Reisender – 2004 waren es 56,5 Prozent – bricht aus Europa auf, 20 Prozent aus Asien und den Pazifikstaaten, 16,7 aus Nord- und Südamerika, 3 Prozent aus dem Mittleren Osten und nur 2,4 Prozent aus Afrika.[123]

Nicht nur die Dauer des Kontaktes spielt bei der Betrachtung der Auswirkungen eine wichtige Rolle. Laut Karl Vorlaufer[124], Professor für Geographie an der Heinrich-Heine Universität Düsseldorf und Spezialist für Tourismus, nachhaltige Entwicklung und Urbanisierung in „Entwicklungsländern", hängen diese Veränderungen – meist in Form von Akkulturation – von zwei Faktoren ab: den sozio-ökonomischen und demographischen Charakteristika der Touristen und deren Reiseformen einerseits sowie den sozio-ökonomischen und kulturellen Rahmenbedingungen und dem Grad der Institutionalisierung des Tourismus der Gastgesellschaft andererseits. Alter, Lebensstil, Einkommen und Ausbildung der Besucher bestimmen sowohl die Reiseart als auch die Wahrnehmung der besuchten Kultur. Ein allein reisender Backpacker hat wahrscheinlich größeres Interesse, die einheimische Bevölkerung näher kennen zu lernen. Organisierte Gruppenreisen verfolgen zwar oft ebenfalls dieses Ziel, bleiben aber mit eher geschäftlichen Kontakten an der Oberfläche eines wirklichen Kennenlernens.[125]

---

[122] PETERMANN 1998, 11.
[123] ARBEITSKREIS TOURISMUS & ENTWICKLUNG (Plüss, Christine u.a.): *fairunterwegs – Tourismus in Entwicklungsländern – Globale Verteilung*, zuletzt besucht am 17.01.2010 auf:
http://www.fairunterwegs.org/fileadmin/ContentGlobal/PDF/Tourismus_Entwicklungslaender.pdf.
[124] VORLAUFER 1984, 55f.
[125] Siehe Studie Petris über den Tourismus als sozio-kultureller Wandlungsfaktor in der Gemeinde Pisac, in PETRI 228ff.

Abhängig von der ethnischen und kulturellen Distanz sowie von Sprach- und Kulturbarrieren sind diese Interaktionen für Dworschak von sozialer Distanz, Stereotypisierung, fehlender Spontanität und kommerzialisierter Freundlichkeit geprägt.[126] Davon abhängig gestalten sich sowohl die Berührung vor Ort als auch die Auswirkungen auf beiden Seiten nach dem Treffen.

„Die Konsequenzen des touristischen Eindringens in bislang relativ unberührt gebliebene Zivilisationen führte zu ihrer sozialen und kulturellen Destruktion, während die Reisenden durch diese – in der Regel eine bis vier Wochen dauernde – Erfahrung kaum nachhaltig verändert wurden", erläutert Bruner[127] eine der Folgen. Genauso unterschiedlich wie die Ausgangssituationen können auch die möglichen Veränderungen sein.

Da der Tourismus von außerhalb des kulturellen Systems wirkt, spricht man von einem exogenen Kulturwandel.[128] Dieser wird laut Voigt an allen Phänomenen erkennbar, „die auftreten, wenn Gruppen ausländischer Touristen mit Teilen der einheimischen Bevölkerung in dauerhaften und direkten Kontakt kommen und als Folge dieses Kontaktes sich ursprüngliche Kulturmuster in einer Gruppe oder in beiden Gruppen verändern."[129] Neben anderen Definitionen kann Kultur in diesem Zusammenhang als intersubjektiv geteiltes, realitätsrepräsentierendes und –stiftendes symbolisches System aufgefasst werden.[130] Laut dem US-amerikanischen Ethnologen Clifford Geertz können die Menschen damit „ihr Wissen vom Leben und ihre Einstellungen zum Leben mitteilen, erhalten und weiterentwickeln".[131] Dworschak beschreibt Kultur weiterhin als ein Geflecht von Bedeutungen, vor dessen Hintergrund Menschen ihre Umwelt definieren, Erfahrungen interpretieren, ihr Handeln ausrichten sowie Urteile fällen.[132]

Der Tourismus beeinflusst diesen Prozess durch einen möglichen Wandel von Wahrnehmung, Werten, Denken und Handeln der Mitglieder einer betrachteten Gesellschaft oder Volksgruppe. In diesem Zuge unterliegen Sitten, Bräuche und Traditionen einem Veränderungsprozess, der sogar die Aufgabe eigener Gewohnheiten und Lebensformen bewirken kann. Häufig werden Traditionen ohne die Zustimmung sozialer Trägergruppen vermark-

---

[126] DWORSCHAK, 23.
[127] Bruner, Edward M.: ´Transformation of Self in Tourism´, in: "Annals of Tourism Research", 2/1991, 241, in DWORSCHAK, 30.
[128] PETRI, 188.
[129] Voigt, P.: „Tourismus und Mexiko. Eine Untersuchung über die Auswirkungen interkultureller Kontakte in der Dritten Welt", München 1981, 141, in PETRI, 189.
[130] DWORSCHAK, 43.
[131] Geertz, Clifford: ´Dichte Beschreibung. Bemerkung zu einer deutenden Theorie von Kultur´. In: Geertz, Clifford (1987): „Dichte Beschreibung. Beiträge zum Verstehen kultureller Systeme", Frankfurt 1987, 46, in DWORSCHAK, 44.
[132] DWORSCHAK, 46.

tet, so dass ursprünglich bedeutungsvolle Rituale zu einer leeren Hülle ohne Inhalt verkommen. Die innere Bindung zu impliziten Bedeutungen geht dabei verloren. Wenn lokale Bräuche, Feste oder Rituale aus dem ursprünglichen Traditionszusammenhang isoliert und als Tourismusattraktion vermarktet werden, büßen sie laut dem Professor für Anthropologie Davydd Greenwood ihre Signifikanz für die Träger der Kulturgüter ein.[133] Reisende sind auf der Suche nach „authentischen" Lebensweisen, welche jedoch durch die eben genannte Vermarktung meist schon zur Show geworden sind. Manchem Tourist ist diese Inszenierung vielleicht gar nicht bewusst, anderen reicht es trotzdem, Einheimische in soeben angelegter traditioneller Kleidung tanzen zu sehen und ihr Bedürfnis nach einem exotischen Erlebnis zu befriedigen.

Dworschak sieht in der Simplifizierung und Modifikation von Symbolen und Figuren einerseits die Gefahr eines Bedeutungsverlustes. Andererseits besteht aber auch die Chance, die kulturelle Identität zu stärken, soziale Positionen zu verbessern und die Integration bisher verachteter Bevölkerungsgruppen zu fördern. Es existiert also ein Potenzial, alte Traditionen und Bräuche zu revitalisieren. Das lokale System kann jedoch schnell überfordert werden, wenn die touristische Intensität sehr hoch ist und es keine Rückzugsmöglichkeiten gibt. Ein Student aus Cuzco kritisiert beispielsweise die fehlende Möglichkeit für Peruaner, ihre heiligen Stätten zu besuchen:

> „Die Fakten sind klar: die Tourismusindustrie giert nach immer mehr Geld. Ihr ist die Zukunft unserer heiligen Stätten egal. Die Manager vergessen, dass es noch viele Jahre möglich sein muss, dass die Nachwelt diese Orte besucht. Außerdem werden wir Peruaner durch das System diskriminiert. Durch die Tourismusindustrie sind die Eintrittsgelder so gestiegen, dass wir uns es nicht mehr leisten können, unsere eigenen heiligen Stätten zu besuchen. Die Touristen kommen sieben Tage die Woche und uns Peruanern bleibt ein einziger Tag, an dem der Eintritt für uns reduziert wird."[134]

Den Reisenden wird dieser Besuch mit jedem nötigen Komfort jedoch fast immer ermöglicht. Dabei werden fremdkulturelle Charakteristiken importiert, um den Aufenthalt so angenehm wie möglich zu gestalten. Isoliert in einem Hotel speisend ist eine Auseinandersetzung mit den Gewohnheiten und Eigenheiten der Einheimischen kaum gegeben. Zwar ist das Reisen die wohl „direkteste Form des Kennenlernens fremder Kulturen"[135], der Tourist dringt dabei jedoch nur in einen Bruchteil dieser Welt ein und auch nur dann,

---

[133] Greenwood, Davydd J.: `Culture by the Pound: An Anthropological Perspective on Tourism as Cultural Commoditization´, in: Smith, Valene L. (Hg.): "Hosts and Guests. The Anthropology of Tourism. University of Pennsylvania Press", USA 1977, 131-138, in DWORSCHAK, 28.
[134] ADERS, Thomas: *Reise ins Reich der Inka. Spurensuche in den Anden Perus. 1.Teil – von der Küste ins Herz des Inka-Reichs*, Produktion des ARD Studios Rio de Janeiro für Phoenix 2010.
[135] PETRI, 185f.

wenn er dies entscheidet. Weiterhin stellt für Petri „das Aufeinandertreffen der Touristen aus entwickelten Ländern mit der Bevölkerung der Entwicklungsländer eine der direktesten Formen [...] der Einflußnahme auf die traditionellen Strukturen dieser Länder dar, da hier, im Gegensatz zu vielen anderen Akkulturationsmedien, sich der Kontakt auf der Ebene von Mensch zu Mensch vollzieht." Dabei spielen wieder die Ausgangssituationen auf beiden Seiten eine wichtige Rolle.

Doch häufig ist der Gastgeber dazu angehalten, seine Traditionen vorzuführen. Vor allem in kleineren ethnischen Gruppen kann es zu einem Kulturschock kommen, der fortlaufend die Entwicklung von Normen, Werten und Einstellungen durch die expandierende externe Kultur bestimmt. Diese Akkulturation spiegelt sich laut dem Politikwissenschaftler Michael Erisman[136] in der Dominanz der ausländischen Metropole als kulturelles Zentrum und der Unterordnung des abhängigen Landes als kulturelle Peripherie wider. Vor Ort werden zahlreiche Einrichtungen und Standards angelegt, die den dort existierenden Lebensweisen kaum entsprechen, letztendlich aber zur Übernahme in die eigene Kultur führen können. Dies ruft in manchen Fällen erhebliche Probleme hervor, da die erwähnten Ausgangssituationen oft sehr unterschiedlich sind und beispielsweise die Imitation des Konsumverhaltens der Touristen schlecht an die Lebensverhältnisse der bereisten Bevölkerung angeglichen werden kann.

Der Wunsch nach einer Anpassung an die eindringende Kultur stellt häufig eigene Werte und Traditionen in den Hintergrund. Wer in armen Verhältnissen lebt und täglich den materiellen Reichtum in Form von gut bepackten Touristen vor sich umherlaufen sieht, verspürt mit hoher Wahrscheinlichkeit den Drang, das gleiche tun zu können und aus seiner Welt auszubrechen. „In der Regel paßt sich der Großteil der Gastgesellschaft den Bedürfnissen und Erfordernissen der Touristen an und betrachtet die Adaptierung vieler ihrer kulturellen Eigenheiten als erstrebenswertes Ziel, in der Annahme, damit wäre ein Statusgewinn verbunden"[137], folgert Dworschak. Verhaltensweisen, Kleidung und andere Güter ähneln im Laufe der Zeit weniger den eigenen Vorfahren, sondern vielmehr den ausländischen Eindringlingen.

Leider zeigt der hoffnungsvolle Blick auf Industrienationen nur eine Seite weltweiter Entwicklungen. Zwar ist die Absicherung der Grundbedürfnisse Ziel eines jeden Menschen, so dass es nur allzu verständlich ist, dass reiche Ausländer als Vorbilder dienen. Allerdings

---

[136] Erisman, Michael H.: `Tourism and Cultural Dependence in the West Indies´, in: "Annals of Tourism Research 3", 1983, 342, in DWORSCHAK, 31f.
[137] DWORSCHAK, 101.

verschleiern globale Zusammenhänge Hintergründe dieses Reichtums und erschweren das Erfassen der Auswirkungen weltweiten Handelns.

Als weitere Folge weichen traditionelle, meist agrarische Beschäftigungen dem Arbeitskräftebedarf im Tourismusgeschäft. Somit verändern sich Familienbeziehungen und soziale Verflechtungen. Bei einer Studie über den Tourismus als sozio-kultureller Wandlungsfaktor in der Gemeinde Pisac[138] wurde nachgewiesen, dass sich die jüngere Generation durch ihre Arbeit im Kunsthandwerk vom traditionellen sozialen Gefüge abwendet. Unterschiedliche Einkünfte erhöhen das Konfliktpotenzial zwischen den Generationen und treiben die Auflösung der geschlossenen Großfamilie voran. Sind interpersonelle Beziehungen jedoch stark ausgeprägt, ist eine Aufrechterhaltung sozialer Strukturen laut dem US-amerikanischen Soziologen MacCannell[139] leichter möglich. Auch andere Handwerke können an Aussagekraft und Identität verlieren, wenn ursprüngliche Motive und Techniken vereinfacht oder standardisiert hergestellt werden. Alte Volkskunst wird dabei zu einem profanen touristischen Souvenir degradiert.[140] Eine kulturfördernde Wirkung ist aber ebenso möglich. Verschüttetes Brauchtum und traditionelle Volkskunst fänden somit erneute Verbreitung.

Hasan Doğan erfasst insgesamt fünf mögliche Reaktionen der Einheimischen[141]: Widerstand, Rückzug, kulturelle Abgrenzung, Revitalisierung sowie Akzeptanz und Übernahme fremdkultureller Charakteristika.

Zum Widerstand kann es vor allem in Ländern mit einer kolonialen Geschichte kommen, wenn der Tourismus mit der Kolonialmacht identifiziert wird. Eine abgeschwächte Form des Widerstandes wäre der Rückzug. Diese Reaktion tritt besonders in Gemeinschaften auf, in denen der Tourismus eine große ökonomische Bedeutung hat und ein Verzicht unmöglich ist. Lokale Traditionen sind bereits so sehr beeinträchtigt, dass ein Gefühl der Entfremdung und Angst um das eigene kulturelle Überleben entstanden ist. Die Gastgeber vermeiden daraufhin Kontakte zu den Urlaubern und kapseln sich ab. Im Zuge dessen kann das ethnische und kulturelle Selbstbewusstsein gestärkt werden, so dass alte Traditionen und lokale Dialekte eine Wiederbelebung erfahren. Als weitere Reaktion nennt Doğan die kulturelle Abgrenzung, bei der negative Einflüsse durch eine streng definierte Grenze zwischen Touristen und Einheimischen abgewehrt werden. Die kulturelle Distanz ist für einen

---

[138] PETRI, 223 ff.
[139] MacCannell, Dean: "The Tourist. A New Theory of the Leisure Class.", Schocken Books Inc., New York 1976, 91f., in DWORSCHAK, 24.
[140] PETRI 227.
[141] Hasan Z. Doğan: `Form of Adjustment: Sociocultural Impacts of Tourism´, in: "Annals of Tourism Research, 2/1989", 221-228, in DWORSCHAK, 33ff.

respektvollen Umgang mit lokalen Traditionen besonders wichtig. Zur Revitalisierung kommt es, wenn sich die betreffende Bevölkerungsgruppe auf die eigene kulturelle Vergangenheit besinnt, die durch eine Urbanisierung oder Industrialisierung verloren gehen würde. Meist ändern sich dabei jedoch implizite Bedeutungen von Traditionen und ein Teil der ursprünglichen Authentizität geht verloren. Letztlich ist aber auch die Akzeptanz und Übernahme fremdkultureller Charakteristiken eine Reaktionsmöglichkeit der Bereisten – vor allem in „Entwicklungsländern". Deren Oberschicht genoss nicht selten eine Ausbildung in westlichen Staaten, bei der sie spezifische kulturelle übernommen hat. Die Unterstützung des Tourismus als Symbol einer modernen Kultur führt letztendlich zur Desintegration der kulturellen und gesellschaftlichen Systeme im eigenen Land. Abhängig vom Ausmaß der kulturellen Heterogenität, der Verteilung ökonomischer Erträge auf die Gastgeber sowie einer gesamten Kosten-Nutzen-Bilanz, führt diese Form des Kulturkontaktes laut Doğan meist zur zuletzt aufgeführten Reaktion. Vor allem diejenigen, die am meisten davon profitieren und ihren Lebensstil bereits modifiziert haben, akzeptieren und übernehmen die fremden Charakteristika am schnellsten. Eine Revitalisierung kann in Kombination mit kultureller Abgrenzung die Restauration traditioneller Bräuche begünstigen, solange authentische kulturelle Ausdrücke von Veranstaltungen für touristische Zwecke streng unterschieden werden. Durch die kollektive Selbstdarstellung besteht die Chance, die kulturelle Identität zu stabilisieren und zu stärken, besonders wenn diese überwiegend von Einheimischen selbst initiiert wurde. Erfolgt die Revitalisierung jedoch in Verbindung mit der Übernahme fremdkultureller Werte, verlieren Traditionen, die eine Funktion als Wirtschaftsfaktor für Massentourismus annehmen, ihre ursprüngliche Bedeutung. Kulturelle Ausdrücke sind dann das Ergebnis einer sozialen Konstruktion, deren Form und Inhalt vom Fremdenverkehr bestimmt werden.

6 Entwicklungen der Nasca-Identität und des Bezugs zum Kulturerbe

6.1 Einflüsse und Vermischung verschiedener Kulturen im Laufe der Zeit

Bezieht man all diese Diskussionen auf das kleine Städtchen Nasca in der peruanischen Pampa, lassen sich einige Besonderheiten ausfindig machen. Ein großer Vorteil liegt zunächst darin, dass in diesem Ort keine aktuellen Traditionen und Bräuche vermarktet werden, sondern die Spuren einer jahrtausendealten Kultur.

Wie bereits beschrieben, verschwand diese im Laufe der Zeit mit fast all ihren lebendigen Ausdrucksformen durch Überlagerungen von anderen Völkern. Die Kultur der Wari hinterließ mit ihren Eroberungszügen erste Spuren der andinen Kultur in der Region um Nasca. Später waren es die Chincha, aber wohl besonders die Inka, die den wenigen Hinterbliebenen in der Pampa ihre Traditionen vermittelten. Doch der größte Wandel liegt in der Ankunft der Spanier 1532 begründet, da diese sowohl aus einem komplett anderen Kulturkreis stammten, ihre Sprache und Traditionen aufzwangen und später auch die Einwanderung anderer Volksgruppen aus allen Kontinenten nach sich zogen. Durch Frondienst, Missionierung, Landverlust und Migrationsbewegungen veränderte sich die peruanische Identität maßgeblich.

Besonders die indigene Bevölkerung wird bis heute stark marginalisiert, wie Eva Gugenberger beispielsweise an der abnehmenden Zahl der Quechua-Sprecher verdeutlicht:

> *„Das Überlegenheitsgefühl und die negative Einstellung der mestizisch-kreolischen Gesellschaft gegenüber der indigenen Sprachen und Kulturen, die Diskriminierung, welche die Indigenen Jahrhunderte lang erleiden mussten dafür, Angehörige einer indianischen Ethnie zu sein, hatten zur Folge, dass diese die negative Bewertung ihrer Sprache und Kultur internalisierten. Ein oft gewählter Ausweg, der Diskriminierung zu entkommen, ist, die Assimilierung an die dominante Kultur anzustreben, ihre Normen und Werte zu übernehmen und damit auch ihre Sprache."*[142]

Nach einer langen Zeit der sprachlichen und kulturellen Diskriminierung während der Kolonial- und Republikzeit bemühen sich seit den 1930er Jahren indigene Bewegungen, die Situation ihrer Gemeinschaften zu stärken. In gesellschaftspolitischen Diskussionen verschafften sie sich Gehör, um Arbeits- und Einkommensbedingungen zu verbessern. Erst seit den 70er Jahren rückten Verhandlungen über sprachliche und kulturelle Ansprüche in den Vordergrund. Vor allem während der Regierungszeit Velasco Alvarados von 1968 bis 1974 wurden gesetzliche Grundlagen für die Entwicklung einer Grundbildung geschaffen, die den kulturellen und sprachlichen Werten der indigenen Bevölkerung gerecht wird. Fol-

---

[142] Gugenberger zitiert in BORN, 99.

gende Präsidenten debattierten zwar über die Fortsetzung dieses Ansatzes, konnten ihn unter anderem wegen politischer und wirtschaftlicher Schwierigkeiten jedoch kaum in die Tat umsetzen.[143] Der Kampf um Gleichberechtigung und Anerkennung wird auch weiterhin viel Zeit und Kraft fordern.[144]

Der Küstenraum ist mittlerweile weitestgehend mestiziert und speziell in Nasca hat die Migration so stark zugenommen, dass Identität und Tradition sich ständig wandeln. Diese Bewegungen verursachte unter anderem der wachsende Tourismus, der Arbeitsuchende aus anderen Teilen Perus anzog und noch heute lockt. Aber auch Händler, Minenarbeiter und Tierzüchter suchen ihr Glück in der Pamparegion. Besonders der Einfluss aus Ayacucho ist spürbar. Seit der Verkehrsverbindung Nasca – Puquio – Apurímac zwischen beiden Bezirken wandern zahlreiche Bewohner aus den ärmeren Andengebieten in das kleine Städtchen ein und verändern das Erscheinungsbild maßgeblich.[145] Bedingt durch die politischen Gewalttaten in Verbindung mit dem Sendero Luminoso flohen in den neunziger Jahren zahlreiche Einwohner aus dem Gebirge in die Küstentäler, die von der Bedrohung weitestgehend verschont blieben. Ganze Gemeinden siedelten sich in ländlichen Randgebieten von Nasca und Palpa an, um dem Terror zu entkommen. Viele der heutigen Nasca-Einwohner haben direkte Vorfahren aus der Sierra, die sowohl Handelsbeziehungen aufbauten als auch Informationen und Kultur verbreiteten. Somit verbinden sich Traditionen und Bräuche der andinen Lebensweise mit denen der Küste.

Auch die schwarze Bevölkerung ist vor allem im Ingenio-Tal bis heute vertreten. Während der Kolonialzeit dienten sie mit ihrer Arbeitskraft in den haciendas der Jesuiten. 1850 kaufte Domingo Elías 1850 weitere 153 Sklaven, die bis dahin in Kolumbien arbeiteten, um seine Besitztümer in San Javier und El Ingenio noch besser zu bewirtschaften.[146] Auch heute sind deren Nachkommen unter äußerst bedürftigen Umständen überwiegend in der Landwirtschaft tätig.

---

[143] von Gleich, Uta: „Mehrsprachigkeit, Multikulturalität und Wissenstradierung in Peru vom Tahuantinsuyu bis ins 21. Jahrhundert", in BORN, 103-130; Born: „Sprachen in Peru – Minderheitenrechte und Sprachpolitik in der Zeit nach Fujimori", in BORN, 131-154; Eine ausführliche Dokumentation indigener Bewegungen in Peru und der Welt ist bspw. in Maren RÖßLERs Arbeit *Zwischen Amazonas und East River. Indigene Bewegungen und ihre Repräsentation in Peru und bei den UNO* zu finden; auch Deborah J. YASHAR geht in *Contesting Citizenship in Latin America. The rise of Indigenous Movements and the Postliberal Challenge* in einem Kapitel auf indigene Bewegungen in Peru ein.
[144] Aktuelle Berichte bspw. nachzulesen auf der Internetseite der ARBEITSGEMEINSCHAFT FRIEDENSFORSCHUNG an der Uni Kassel: *Peru. Berichte und Informationen*, zuletzt besucht am 17.01.2010 auf: http://www.uni-kassel.de/fb5/frieden/regionen/Peru/Welcome.html.
[145] Tabelle Siehe Anhang 9.
[146] del Solar Dibós, María Elena: „Contexto Antropológico de la cuenca del Río Grande", in LUMBRERAS, 65.

6.2 Hybride Kultur

All diese Bewegungen und Vermischungen verschiedener Traditionen bestimmen die heutige Identität der Nasca-Bewohner. Die peruanische Anthropologin María Elena del Solar Dibós folgert in den Lineamientos para un Plan de Manejo de las líneas de Nasca von 2000, dass sich die Bevölkerung in Nasca aus „distintos grupos étnicos" zusammensetzt, „sin que se establezca un sedimento cultural que articule a la población en torno a un conjunto de referentes o símbolos comunes."[147] Die ethnische Diversität stellt für sie ein sehr bereicherndes Element dar.

Vor allem musikalische Einflüsse sind deutlich spürbar. Der Huayno ist mittlerweile zu einem beliebten Tanz etabliert, der sowohl prähispanische als auch westliche Stilelemente verbindet. In Musikgeschäften und Radiostationen wird er ständig abgespielt oder verkauft. Selbst die Dresdnerin Maria Reiche ließ von den Brüdern Willy und Tito Rojas zu ihrem Text über den Vogel Huerequeque einen Huayno komponieren. Erst wollten ihre Freunde das Gedicht mit einer Kumbia oder Guaracha musikalisch untermalen, woraufhin sie „¡Oh, no, un huayno ayacuchano!"[148] entgegnete. Dieses Lied versprüht durch die Kombination von andiner Musik, dem Pampa-Vogel und der unermüdlichen Arbeit der Dresdnerin in der Nasca-Wüste eine ganz besondere Verbindung, so dass der Text hier aufgeführt werden soll:

El Huerequeque
Amaneciendo despierta el Huerequeque
y con su canto ilumina todo el Este,
anunciando el esplendor del astro rey que alumbra
que cubre de oro los cerros
y también las planicies
se ve una vía luminosa sobre las olas del mar.
Y cuando cae la noche oscura y profunda,
con sus destellos de luces multicolores
vuelve a cantar en la pampa el Huerequeque,
saludando a la estrella que brilla entre nubes de oro,
sobre un fondo azulado donde termina el desierto.
Huerequeque, Huerequeque
sigue cuidando mis pampas, Huerequeque, Huerequeque
sigue cantándole a Nasca.
Huerequeque, Huerequeque
sigue cantando a Renata
Huerequeque, Huerequeque
sigue alegrando mis días.[149]

---

[147] LUMBRERAS, 69.
[148] LANCHO 2005, 101.
[149] Aus LANCHO 2005, 101.

Aus Nasca selbst sollen laut Aussagen eines Fernsehsprechers zwei kriegerische Tänze stammen, die allerdings kaum bekannt sind. In den alten Gräbern fanden Archäologen zahlreiche Flöten und andere Instrumente, die auf eine ausgeprägte Musiktradition hinweisen. Ausgegrabene Keramiktrommeln gelten als Besonderheit, die die Nasca von der Paracas-Kultur übernahmen und letztlich auch in der Huari-Tiahuanaco-Ära weiterhin genutzt wurden. Die so genannten Antara-Flöten erzeugen eine gute Klangqualität und bezeugen das weit entwickelte technische Wissen der Nasca, da der Schrumpfungsgrad von Ton beim Brennen genau vorausgesehen werden musste, um den gewünschten Ton zu erzielen. Gleich gestimmte Instrumente weisen dieselbe Verzierung auf.[150] Der peruanische Musikwissenschaftler César Bolaños vermutet, dass die als Sikus bezeichneten Flöten, die noch heute in den Anden gespielt werden, ihren Ursprung in der Küstenregion von Nasca haben.[151]

Heutzutage werden bei Volksfesten Tänze aus den verschiedenen Regionen Perus aufgeführt, die ebenso die Vermischung von prähispanischen, kolonialen, afrikanischen und anderen Elementen widerspiegeln. Vor allem in den letzten Jahren sei ein verstärktes Bemühen zu spüren, die peruanische Diversität mit all ihren Traditionen bewusst zu machen und somit auch zu wahren. Viele einheimische Besucher bestaunten manche Tänze zum ersten Mal mit Begeisterung. In Schulen lernen schon die Jüngsten verschiedene Schritte und Haltungen, um diese dann mit Stolz bei Festen zu präsentieren.

Auch in anderen Bereichen sind die unterschiedlichen Einflüsse auf die heutige Nasca-Bevölkerung erkennbar. Neben den noch vorhandenen Quechua-Sprechern fällt bei der Verkostung typischer Gerichte die Vermischung von Traditionen auf. Die lokale Küche wird mit Zutaten aus der Bergregion verfeinert. Noch immer werden Pflanzen und Tiere zubereitet, die auch schon bei den damaligen Nasca auf dem Speiseplan standen. Als traditionell gilt der so genannte „Bufo" – auf dem Grill gebratene Innereien, die damals wie heute gern verzehrt werden.

Der in Nasca lebende ehemalige Lehrer und Touristenführer Josué Lancho beschäftigt sich intensiv mit der regionalen Identität von Nasca. Diese äußert sich seiner Ansicht nach in einem „conjunto de manifestaciones folklóricas que le dan a una región una imagen especial".[152] Folklore besteht dabei aus der Verbindung von Traditionen, Glaube, Bräuchen, Mythen, Aberglaube, Tänzen, Musik, Speisen und Getränken, die einer bestimmten Volksgruppe eigen sind. Lancho sieht seine Stadt durch das Anwachsen folkloristischer

---

[150] WIECZOREK, 68 ff.
[151] in LANCHO: *Artículos no publicados*: "El folklore nasqueño".
[152] LANCHO: *Artículos no publicados*: "El folklore nasqueño".

Elemente von außerhalb und eine sich wandelnde Identität als kosmopolitisch und hybrid an, die aber dennoch einige ihr eigene Aspekte bewahrt hat.

In einem unveröffentlichten Artikel zählt er zahlreiche Dinge auf, die er als typisch für Nasca empfindet. So nennt er als eigene Bräuche beispielsweise die patronalen Kirmessen, den Verzehr von Erdnüssen und des Heißgetränks Ponche im September, den Hahnenkampf, das Verbrennen von aufgestellten Schlössern oder das Bekreuzigen beim Ausgehen. Das durch die Straßen Tragen der Schutzheiligen zu ihren Festtagen sieht Lancho weniger in der katholischen Religion als vielmehr in der Inkatradition verwurzelt, bei der zum Geburtstag der verstorbenen Herrscher deren Mumien auf den Hauptplatz gestellt wurden. Viele dieser Aufzählungen treffen nicht nur auf Nasca, sondern auch andere Regionen Perus zu. Dies verdeutlicht die Vermischung, die im Laufe der Jahrhunderte stattgefunden hat.

Der Glaube verbindet katholisches Dogma mit der andinen Religiosität. Von der Bevölkerung werden sowohl Priester als auch Schamanen zu Rate gezogen. Ebenso verwenden Einheimische halluzinogene Mittel. Die Weltanschauung der Anden wird auch an den Opfergaben in den Bergen deutlich. Auf dem Cerro Blanco, dem Condorsecca und dem Huricangana fand der US-amerikanische Anthropologe Johan Reinhard Koka, Baumwolle, Alkohol, vergoldetes Papier und Mumien. Lancho stellt fest, dass den meisten Nasca-Bewohnern diese Verwurzelung mit der andinen Lebenswelt gar nicht bewusst ist: „La cosmivisión del mundo andino sigue presente en la sociedad nasqueña, sin que la mayoría que vive aquí en Nasca lo sepa."[153]

Eine typische abergläubische Handlung ist beispielsweise das Heilen von einem Schrecken, wobei der als *curandero* oder Schamane bezeichnete Medizinmann den Erschrockenen auf einem Friedhof die Kleider auspeitscht und somit die bösen Geister vertreibt. Auch das Aufspüren von Schaden, bezogen auf eine Person oder deren materielle Güter, ist mit Hilfe des curandero möglich. Dieser verwendet beispielsweise ein Meerschwein und Eier einer schwarzen Henne, um das Übel zu identifizieren. Das Tier wird über den Körper gefahren und danach mit dem Daumennagel aufgeritzt. An seinen Eingeweiden liest der Schamane ab, welcher Körperteil betroffen ist. Das Auslegen und Deuten von Kokablättern dient dem gleichen Zweck.

Aussprüche wie „El martes, no te cases ni te embarques", „no hagas negocios ni viajes los martes y viernes 13" und „domingo 7 es fastídico" gehören außerdem zu bekannten Aussprüchen in Nasca. Lancho geht davon aus, dass sich für viele Menschen der Aberglaube in

---

[153] LANCHO: *Artículos no publicados*: "El folklore nasqueño".

Glaube verwandelt und „que la fe mueve montañas". So soll es Glück bringen, Rautenöl an die Tür zu gießen oder Zeige- und Mittelfinger zu kreuzen. Wenn die Handfläche juckt, bedeutet dies finanziellen Aufschwung. Eine Grille im Haus kündigt Besuch an und wer aus dem Bisambia-Wasserloch in Nasca trinkt, wird im Ort bleiben oder zumindest zurückkehren. Dieser Glaube ist definitiv an das Städtchen gebunden und allseits bekannt. Unglück bringt es hingegen, in der Nacht zu fegen, unter einer Leiter hindurch zu gehen oder einen klagend heulenden Hund zu hören – ein Vorzeichen des Todes einer Person.

Direkt der Pamparegion um Nasca zuzuordnen sind viele der Mythen und Legenden, die über Generationen hinweg überliefert wurden. Der „mito de la cabeza de Atahualpa" könnte im Zusammenhang mit den früheren Nasca-Bewohnern stehen, da die Nachkommen des Inkaherrschers bei dessen Enthauptung dennoch zuversichtlich waren, dass aus seinem Kopf ein neuer Führer entsprießen würde. Der Glaube daran, dass der Kopf als Samen für neues Leben nützlich sei, war typisch für die Nasca und ist auf zahlreichen Keramiken dargestellt. Kopftrophäen waren keine Seltenheit und könnten diesem Zweck gedient haben.[154] Ein weiterer Mythos ist „el Mal de Huaca", laut dem Grabschänder wegen der Entheiligung alter Stätten vom „Mal de Huaca" befallen werden. Dieses Übel dringt als Strafe in deren Knochen ein, so dass sie letztendlich daran verenden. Doch von der Grabräuberei scheint es dennoch nicht abzuhalten. Als letzter Mythos sei „La Gringa" genannt, die Minenarbeitern auf unbekannte Weise dazu verhelfen soll, das gewünschte Material zu finden, wenn sie vor ihnen erscheint.

6.3 Modernisierung, Globalisierung und die Bedeutung des Tourismus für das Verhältnis der Nasqueños zum kulturellen Erbe

Einige dieser folkloristischen Elemente gehen genau wie in unserem Kulturkreis mit der Zeit verloren, da die Modernisierung immer mehr voran schreitet und die westliche Welt nicht selten eine Vorbildfunktion übernimmt. So gehören nicht nur die Traditionen und Bräuche der Nasca von vor zweitausend Jahren überwiegend der Vergangenheit an. Auch spätere Einflüsse und Vermischungen werden durch die Akkulturation und Globalisierung weiter modifiziert.

Wie bereits erwähnt, besteht in der Pampastadt weniger die Gefahr, dass Einheimische durch den wachsenden Tourismus ihre eigenen Traditionen in einer Show verkaufen. Reisende besuchen Nasca vorrangig wegen eines Fluges über die mysteriösen Figuren und

---

[154] Siehe auch WIECZOREK, 198 ff.; Alan Sawyer in AVENI, 81.

nicht, um einen ortstypischen Tanz zu sehen oder die Lebensweise eines indigenen Volkes kennen zu lernen. Zwar kann der Besuch eines Volksfestes mit Musik und Tanz aus verschiedenen Regionen Perus ebenso interessant sein, steht aber nicht im Mittelpunkt.

Noch immer bilden Landwirtschaft, Bergbau, Handel und Dienstleistungen wichtige wirtschaftliche Säulen, die eher indirekt mit dem Tourismus zusammenhängen. Dennoch ist der Einfluss dieser Branche spürbar. Neben dem positiven Effekt neuer Einkommensquellen verändern manche Einheimische ihren Lebensstil. Materielle Werte rücken in den Vordergrund, da durch Medien und Kontakte zu ausländischen Besuchern der Wunsch nach einem besseren Lebensstandard aufkommt. Vor allem das direkte Zusammentreffen von Gästen und Gastgebern beeinflusst Verhalten und Denkweise der Nasqueños. Möglicherweise sehen Tourguides sogar ihre Chancen auf mehr Gewinn erhöht, wenn sie dem Tourist äußerlich und in Verhaltensweisen ähneln. Auch bei der Unterbringung im Hause einheimischer Familien lässt sich diese Anpassung erkennen. Es kommt vor, dass die Einrichtung komplett verändert wurde, um den Gästen alle Annehmlichkeiten bieten zu können und gleichzeitig in die eigene Familie integriert zu werden.

Ebenso auffällig ist, dass den Reisenden hin und wieder viel mehr Vertrauen und Achtung geschenkt wird als den eigenen Landsleuten. Allerdings hat diese Problematik so vielseitige Ursachen, dass sie hier nur als Exempel erwähnt sein soll. Im Gegensatz zu Arequipa beispielsweise erscheint Nasca noch immer als ein relativ verschlafenes Örtchen, das zwar im Tourismus neue Beschäftigungsmöglichkeiten gefunden hat und sich bereits im Wandel befindet, aber noch immer seinen eigenen Rhythmus lebt. Doch der Ausbau dieser Geldquelle ist bereits von mehreren Seiten geplant, so dass weitere Veränderungen durch diese Branche zu erwarten sind – sowohl positiv als auch negativ.

Abgesehen von der Anpassung an westliche Traditionen und Werte hat Nasca ebenfalls großes Potenzial, die Verbindung zu den Erbstücken der jahrtausendealten Kultur wieder zu stärken und somit den Schutz zu fördern. Schließlich bilden diese Wurzeln einen Teil der Vergangenheit Perus. Die Anthropologin María Elena del Soar Dibós erläuterte diesbezüglich im Bericht von 2000:

> *„El poblador urbano nasqueño mantiene fuertes vínculos con su identidad histórica-arqueológica, construidos fundamentalmente a partir del descubrimiento de las líneas de Nasca para el turismo y del otorgamiento del nombramiento de Patrimonio Monumental de la Humanidad en el año 1994. [...] Muestra de ello son los nombres de una gran cantidad de locales que prestan servicio al turismo, la producción artesanal que reproduce desde diversas líneas de producción los diseños de los geóglifos y de la cerámica Nasca, y el homenaje rendido por la*

Municipalidad Provincial en la designación de una calle de Nasca como Alameda del Patrimonio Cultural de la Humanidad."[155]

Somit kehrte das Weltkulturerbe erst im letzten Jahrhundert vor allem durch überwiegend ausländische Wissenschaftler und Touristen in das Gedächtnis der Küstenbewohner zurück. Zu Beginn der Arbeit Maria Reiches in der Pampa konnten viele der Einheimischen ihre unermüdlichen Bemühungen nicht nachvollziehen. Manche Grabräuber sahen in ihr sogar eine Konkurrentin auf der Suche nach Schmuck, Keramiken oder Textilien. Ihre ehemalige Mitbewohnerin Susanna Bellide der Hazienda San Pablo beschreibt ihre Gedanken: „Wir sind ihr immer mit Respekt und Abstand begegnet. Wir dachten, sie muß verrückt sein, mitten in der Nacht in der Pampa herumzulaufen."[156] Dies soll eine weit verbreitete Meinung gewesen sein und manche bezeichneten Reiche wohl als Hexe, wenn sie mit dem Besen die Linien sauber fegte.

Auch Hans Horkheimer beschrieb das Wissen der Anwohner nach seiner Forschung 1946 in ähnlicher Weise: „Die einfachen Bauern waren nicht besonders interessiert und wußten nur, daß die Zeichen von >den Heiden< stammten – wie sie ihre Vorfahren nannten, die vor der Ankunft der katholischen Spanier dort lebten."[157] Dies verdeutlicht gleichzeitig ein Bild, das über die eigenen Ahnen vorherrschte. Mit der steigenden Berühmtheit Reiches und viel mehr der Scharrbilder änderte sich die Denkweise der Einheimischen nach und nach:

> *„Como consecuencia del nuevo atractivo turístico que se había generado, el pueblo se comenzó a llenar de viajeros. A partir de ese momento las casas se convirtieron en hoteles y las tiendas de abarrotes comenzaron a vender souvenirs de las figuras de la pampa. Fue recién allí cuando Maria Reiche se convirtió en una santa y cuando la Bruja de la Pampa se convirtió en la Dama de Nazca.*"[158]

War es bis zur Wiederentdeckung der Linien und Figuren noch die fehlende Kenntnis über die Existenz der Wüstenzeichnungen, die zahlreiche Zerstörungen ohne Einschränkungen geschehen ließ, so bedrohten später vor allem die einströmenden Touristen die bis dahin relativ gut erhaltenen Spuren im Wüstenboden, wie Maria Reiche folgerte: „Erst in den letzten Jahren, seit die Linien zu einer beliebten Grundlage für Theorien über Landungen von Menschen aus dem All geworden sind, ist eine echte Bedrohung entstanden."[159]

Wie bereits ausführlich beschrieben, verursachen heutzutage auch einheimische Anwohner durch Grabräuberei eine große Zerstörung der jahrtausendealten Spuren. Carmen Rohrbach

---

[155] del Solar Dibós, María Elena: "Contexto Antropológico de la cuenca del Río Grande", in LUMBRERAS, 67.
[156] SCHULZE, 100.
[157] MORRISON, 39.
[158] BARRAZA ELÉSPURU, 56.
[159] MORRISON, 127.

befragte für ihr Buch „Botschaften im Sand" die Bevölkerung außerhalb des Ortes zu den Figuren und Linien in der umliegenden Pampa. Jedem war deren Existenz bekannt, doch der eigene Bezug fehlte sehr häufig. Ein Maurer kommentierte diesbezüglich: „Ich habe wenig Zeit und Geld schon gar nicht, mich mit diesen Dingen zu beschäftigen. Ich muß mich um Wichtigeres kümmern, um das Haus, die Tiere und die Ernährung meiner Kinder".[160] Rohrbach berichtete weiterhin über eine Großmutter, die vielmehr von Armut, Ausbeutung und Unterdrückung seit der Eroberung sprach und über fehlende Rechte im eigenen Land klagte. Die Linien hat sie selbst noch nie gesehen, da sie nur aus der Luft sichtbar seien und sie kein Geld für teure Flüge übrig habe. Ein Farmer ging sogar davon aus, dass die Zeichen extra für Ausländer angelegt wurden. Auf derselben Farm unterstrich auch eine junge Frau die Bedeutung der Scharrbilder für Nichtperuaner: „Sie sind wichtig für die Ausländer, die Wissenschaftler und Studenten. Die haben viel Geld, und das bringen sie nach Nazca. Seitdem die Linien bekannt sind, geht es uns etwas besser."[161] Somit kommt Rohrbach eher zu einem umgekehrten Schluss als die Anthropologin:

> *„Die meisten Menschen in Nazca, die wir befragt haben, die Bauern, Baumwollpflücker, die Wäscherinnen, die Händler und Händlerinnen auf dem Obst- und Gemüsemarkt, wissen nichts von der großen Vergangenheit. Der Anbau von Baumwolle ist nicht mehr mit religiösen Gedanken verbunden, die Fruchtbarkeit der Felder wird nicht mit Kulthandlungen beschworen und das Wasser der Berge nicht mit Zeremonien erfleht. Das Denken der Menschen von heute ist nur noch in die Zukunft gerichtet. Ihr neuer Götze ist die Technik, mit der sie glauben, alle ihre Probleme meistern zu können. Dabei vergessen sie ihre eigene Vergangenheit und gehen achtlos darüber hinweg. Kaum noch einer spürt ihre Nähe und ihre innere Kraft."[162]*

6.4 Das Kulturerbe als reine Geldquelle?

Sicherlich ist es schwierig herauszufinden, ob das Studieren der alten Kultur eher mit dem Ziel verbunden ist, Geld zu verdienen, als seinen eigenen Wurzeln näher zu kommen. Dennoch gibt es in Nasca einige Einwohner, die alte Keramiken und Textilien als Schatz hüten, damit er nicht einem Grabräuber in die Hände fällt und letztendlich im Ausland landet. Vor allem bei Angestellten in Museen oder Ruinenstätten scheint das Bewusstsein über den Wert des Weltkulturerbes durch ihre Arbeit deutlich gestärkt.

Eine Mitarbeiterin des Museo Arqueológico Antonini stammt aus Nasca, musste aber in Chile arbeiten, um ihre Familie ernähren zu können. Als sie zurückkehrte, fand sie Arbeit

---

[160] ROHRBACH, 121.
[161] ROHRBACH, 122.
[162] ROHRBACH, 125f.

im Museum und besucht seitdem viele Orte in der Umgebung, die ihr zuvor unbekannt waren. Begeistert erzählte sie von Cahuachi und den Aquädukten der Umgebung. Ein Flug über die Pampa ist allerdings zu teuer, so dass sie deren Ausmaße noch nie mit eigenen Augen sehen konnte. Aber die am Rande der Nachbarortschaft gelegenen Figuren „El Telar", „La Aguja" und „El Ovillo", die im Zusammenhang mit Webarbeiten gesehen werden, kennt sie. Sie ist sehr stolz auf all diese Reste einer so alten Kultur und bedauert es, dass bei vielen Einheimischen das Bewusstsein für deren Wert fehlt. Für sie sind unspezifische Bildung und nicht ausreichende finanzielle Mittel Gründe für das Ausbleiben dieser Verbindung.

Auch der Wächter in Cahuachi erzählte, dass er mit großer Freude bei den Ausgrabungen und Restaurationen der Tempelanlage hilft. Seit acht Jahren passt er auf, dass niemand über die Abgrenzungen hinaus geht. Vorher arbeitete er als Landwirt und wusste nichts über die damalige Kultur. Heute erzählt er interessierten Touristen mehr über deren Lebensweise. Mit dem etwas überteuerten Verkauf eines kleinen Heftchens über die Anlage von Cahuachi scheint er sich etwas dazu zu verdienen. Dies wäre durch steigende Besucherzahlen noch eher möglich und er hofft auf den Ausbau als Touristenanziehungspunkt.

Daran wird deutlich, dass Geld zwar definitiv eine sehr wichtige und vielleicht sogar übergeordnete Rolle spielt, aber dennoch das Wissen über die alte Nasca-Kultur zugenommen hat und diese mehr wertgeschätzt wird. Eigenes Interesse ist dabei besonders wichtig. Ein Einwohner Nascas fühlte sich durch Gäste des Hospitalityclubs[163] angeregt, mehr über seine Vergangenheit zu erfahren. Seit drei Jahren besuchen ihn Menschen aus aller Welt, kommen bei ihm kostenlos unter und stellen so viele Fragen, dass er über jede neue Information dankbar ist und mittlerweile auch viele Antworten kennt. Mit großem Stolz zeigt er seine heimatliche Umgebung. Es kommt sogar manchmal vor, dass Touristen auf dem Friedhof von Chauchilla lieber seinen Worten lauschen als dem eigenen Führer, der nur wenige Sätze über die Lippen brachte. Dieses Beispiel zeigt, dass das Bewusstsein für die eigenen Wurzeln nicht unbedingt durch finanzielle Anreize geweckt werden muss. Durch die vorherrschende Armut dient der ökonomische Aspekt sicherlich häufiger als Auslöser, der andere Weg scheint aber eher dem Interesse am Kulturerbe selbst zu entspringen.

Ähnliches gilt für Lehrer, die sich um die Vermittlung lokaler Geschichte bemühen. Wer stolz auf seine Ursprünge ist, will dies auch in der Schule lehren, da in Bildungseinrichtungen der Bezug zur eigenen Heimat fehlt. Bei der Befragung der Schüler schienen viele der

---

[163] Eine von einem Dresdner gegründete Internetplattform, deren Nutzer untereinander in Kontakt treten können, um sich auszutauschen oder zu besuchen.

Kinder und Jugendlichen stolz auf die Hinterlassenschaften ihrer Vorfahren zu sein. Dieses Gefühl wurde bei ihnen meist durch die zahlreichen Touristen ausgelöst, die von weit her anreisen, um die Linien und Figuren in all ihrer Größe und Rätselhaftigkeit mit eigenen Augen zu sehen. Auch im Elternhaus kann viel über die eigenen Vorfahren vermittelt werden. Allerdings rückt dabei die Migration wieder in den Vordergrund, die eine örtliche Identifikation erschwert. Sowohl lokale als auch von außen kommende Identitäten durch Migrationsbewegungen müssten im Bildungsprogramm mehr berücksichtigt werden, um den örtlichen Gegebenheiten gerecht zu werden. Für eine genauere Aussage über die Verbindung der Nasca-Bewohner zum Weltkulturerbe bedarf es jedoch einer intensiveren Befragung.

Vor Ort erklären die meisten, dass das fehlende Bewusstsein und der kaum vorhandene Bezug zur jahrtausendealten Nasca-Kultur mögliche Ursachen für die Zerstörung der Erbstücke sind. Doch wozu sollten diese eigentlich erhalten werden? Was bringt es den Menschen, sich mit ihrer so weit zurückliegenden Vergangenheit zu beschäftigen, mit der sie sich bis vor kurzem kaum identifizierten, weil die Spuren über so lange Zeit in Vergessenheit geraten waren? Wieso scheinen manche Touristen mehr Interesse an diesen Hinterlassenschaften zu haben als die einheimische Bevölkerung?

Um zuerst auf die letzte Frage einzugehen, ist die ökonomische Situation in Peru im Vergleich zu der in den Herkunftsländern der Reisenden sicherlich ein entscheidender Punkt, wie in dieser Arbeit bereits herausgestellt wurde. Wer um das tägliche Brot kämpfen muss, denkt weniger an jahrtausendealte Spuren in der Pampa. In den Industrienationen stehen heutzutage ganz andere Themen im Mittelpunkt. Durch zunehmenden Wohlstand und Freizeit ist den meisten Bewohnern der westlichen Welt ein ganz anderer Lebensstil möglich, bei dem alle Grundbedürfnisse gesichert sind. Somit rücken auch Themen wie das menschliche Individuum eher in den Vordergrund und werden in der Forschung mehr gefördert als beispielsweise in Peru. Zumindest könnte dies eine zu überprüfende Ursache dafür sein, dass in Nasca vor allem ausländische Wissenschaftler ihre Forschung begannen. Anthony Aveni schreibt diesbezüglich über die Dresdner Mathematikerin und Geographin:

> *„Reiche scheint sich zum Archetypus des unermüdlichen Wissenschaftlers stilisiert zu haben, der sich selbst entdeckt, indem er die Existenz längst untergegangener Vorgänger im eigenen Metier nachweist. Man findet sich im Denken derer, die man heraufbeschwört, dann seziert und untersucht man sie. Man entdeckt sich selbst durch die Errungenschaften der anderen. Dieses Motiv zieht sich durch die gesamte Geschichte der Altertumswissenschaften und gilt besonders für Nasca"*[164]

---

[164] AVENI, 135.

Das Studium fremder Kulturen hat in Europa eine lange Tradition. Nicht selten wurden die Bewohner ferner oder gar imaginärer Länder als Monster, Barbaren und Wilde gesehen, die mit einem eurozentristischen Blickwinkel vor allem der Überhöhung des eigenen Landes dienten und auch die Eroberung der Neuen Welt legitimierten. Auch das Bild des so genannten „edlen Wilden" fand seine Verbreitung in Form der Erinnerung einer besseren Vergangenheit. Mit der Errichtung erster Museen wurde nach der Kolonialisierung der Neuen Welt begonnen, Dinge zu sammeln, die es in Europa nicht gab und die sowohl als wertschätzend als auch abwertend aufgenommen wurden. Diese und andere Artefakte, wie beispielsweise auch die Scharrbilder in der Pampa, können nur begriffen werden, wenn die heutige Denkweise abgelegt wird: „um ihre Bedeutung zu verstehen, müssen wir die Menschen kennen lernen, die sie errichtet haben. Wer Nasca verstehen will, muss sich mit den Andenvölkern der Vergangenheit und der Gegenwart vertraut machen. Sonst bekommt jeder nur das Nasca, was er verdient."[165] Bei der Suche nach dem Zweck der Figuren und Linien sind interdisziplinäre Forscherteams dazu angehalten, sich in die Lebenswelt der damaligen Bewohner hinein zu denken, ohne eigene Bedürfnisse, Verhaltensweisen und Wertmaßstäbe auf diese zu projizieren. Dass dies manchmal nicht der Fall ist, zeigt die Anzahl der teilweise eher abwegigen Theorien, die mehr dem eigenen Metier als den wirklichen Gegebenheiten entspringen.

Für die heutigen Nasca-Bewohner kann das Weltkulturerbe, das jährlich hunderttausende Touristen bestaunen, die Identität der Einheimischen maßgeblich beeinflussen. Die kulturelle Vermischung auf Grund der Migrationsbewegungen könnte mit den Zeichnungen im Boden ein verbindendes Element zwischen den verschiedenen Bevölkerungsgruppen erhalten und den Stolz auf die eigenen Ursprünge stärken. Vor allem die jüngste Generation, die in Nasca aufwächst und sich mit ihrer Umgebung sowie den Hinterlassenschaften ihrer Ahnen direkt vertraut machen kann, spürt bereits eine Verbindung zu dem Weltkulturerbe – abhängig vom Engagement der Eltern und Lehrer. Die Vergangenheit und das Wissen über die eigenen Wurzeln bestimmen dabei den Lebensweg einzelner Personen, wie ein Zimmermann aus Nasca beschreibt:

> *„Para mi el patrimonio tiene que ver con identidad – de donde vengo, quién soy y que hago en el presente. También inflye mucho en mi futuro: siempre seré un peruano que ama a sus raíces y esto me hace entender más a las demás culturas y también a apreciarlas aunque no pertenezcan a mi mundo. Siempre cuidaré y hablaré de el y eso me hace feliz. Estoy orgulloso de mi cultura, de mi nación y de donde vengo. Nací donde quería nacer y no lo cambiaría. Estoy aquí pára hacer*

---

[165] AVENI, 316.

algo - no nací solo para tener un lindo auto o una linda casa o vivir con lujos. Nací para ayudar y ayudar al planeta."

Schon sein Vater hütete alte Keramiken als Schätze. Bei einem Erdbeben schaffte er sie in einer Kiste aus dem Haus, so dass sie bis heute noch erhalten sind.

Quelle: eigene Aufnahme, 28.08.2009.

Dadurch wird gleichzeitig ein Stück Geschichte bewahrt, die es möglich macht, aktuelle Geschehnisse nachzuvollziehen und zu verstehen, wie auch Aveni unterstreicht:

> *„...es gibt eine Verbindung zwischen Vergangenheit und Zukunft, und deshalb sollten wir uns mit ihr beschäftigen. [...] Die Erforschung der Vergangenheit gleicht der Suche nach intelligenten Wesen im All, nur, dass die Zeit den Raum ersetzt. Sind wir in unserer Gegenwart ganz allein oder bereitet uns die Vergangenheit eine Bühne, durch die wir verstehen lernen, wer wir sind und wohin wir gehen?"*[166]

In diesem Sinne beeinflusst die Vergangenheit das heutige Leben. Alle Wunden und Errungenschaften vorheriger Generationen wirken sich auf das Handeln der heutigen Bevölkerung aus. Aveni betont weiterhin die Funktion der Pilgerstätten als „Orte, die kulturelle Identität stiften, an denen die Geschichte neu und umgeschrieben wird und die Menschen in einen Dialog miteinander treten."[167]

Speziell in Nasca könnte dieser Austausch zwischen den verschiedenen Bevölkerungsgruppen stattfinden und vielleicht sogar den Stolz auf indigene Wurzeln stärken, die durch Einwanderungsbewegungen in die Pampastadt noch deutlich erkennbar sind. Gerade das Aufeinandertreffen von Peruanern aus allen drei Regionen des Landes an einem Ort, der jahrtausendealte Erbstücke beherbergt, lässt auf ein Miteinander der Bewohner hoffen, von dem alle profitieren. Nicht nur die finanziellen Vorzüge stellen dabei eine wichtige Chance

---

[166] AVENI, 167 f.
[167] AVENI, 300.

dar, auch die sich ständig wandelnde Identität könnte somit weniger durch Rassismus beeinflusst werden und die Spuren des Kolonialismus schwächen. Vorurteile und eine abwertende Denkweise unter den Peruanern sind auch heute noch für Außenstehende leicht wahrnehmbar. Manche Einheimische missachten Indigene wegen ihrer angeblichen Faulheit oder gar ihrer „minderwertigen" beziehungsweise „fehlenden" Kultur – Wertungen, die sich beispielsweise schon bei Kant oder Hegel wiederfinden lassen. Auch Papst Benedikt XVI. betont noch heute die Heil bringende Rolle des Christentums in der Neuen Welt. Im Mai 2007 erklärte er auf der lateinamerikanischen Bischofskonferenz in Brasilien: „Christus war der Retter, an den sie sich sehnsüchtig wendeten."[168]

Der Reichtum kultureller oder religiöser Ausdrucksformen indigener Völker ist oft noch so vielfältig und vor allem andersartig, dass ausländische Touristen sogar Geld dafür bezahlen, weil sie eine Besonderheit in der globalisierten Welt darstellen. Allerdings kämpft diese Bevölkerungsgruppe noch immer um mehr Rechte und Ansehen. Noch immer beherrscht eine dem Kolonialismus entsprungene Denkweise die Köpfe vieler Peruaner, die auf die Abwertung einer Gruppe abzielt, um sich selbst mehr Ansehen beziehungsweise Reichtum zu verschaffen. Rücken die kulturellen Erzeugnisse indigener Vorfahren mehr ins Bewusstsein der einheimischen Bevölkerung, werden diese Wurzeln vielleicht auch ein größeres Ansehen erlangen und zu einer Annäherung unter den Peruanern führen. Maria Reiche kommt bezüglich der Intelligenz der damaligen Nasca-Bewohner zum Schluss,

> „daß die Bewohner Perus sich in alten Zeiten auf einer viel höheren Kulturstufe befunden haben als man bisher angenommen hat. Der Prozeß des Planens und des Übertragens von einem Maßstab auf einen anderen setzt einen hohen Grad von Abstraktionsvermögen voraus, das zum mindesten ein Teil der Bevölkerung besessen haben muß, deren Denken sich weit über das Studium des Primitiven erhoben hat."[169]

Auch die Entdeckung der Ruinen von Caral im Supe-Tal nördlich von Lima könnte das Bild der kulturellen Entwicklung Lateinamerikas sowie Einträge in Geschichtsbücher ändern. Diese Stätte entstand bereits vor fünftausend Jahren und deren Bewohner hinterließen kulturelle Erzeugnisse, die gegen die noch immer existierende Vorstellung von einer primitiven Kulturstufe vor der Kolonialisierung sprechen. Zwar bezeugen dies auch schon die Hinterlassenschaften der Inka oder noch älterer Völker wie der Tiahuanaco oder Moche, doch diese Ausgrabungen weisen beispielsweise mit sieben Pyramiden auf architektonische Leistungen hin, die eine genaue Planung erforderten und noch vor denen der Olmeken

---

[168] Zitiert in: SCHMIDT-HÄUER, Christian: *Amerikas zweite Entdeckung. Die zweite Entdeckung…*, 23.12.2008, zuletzt besucht am 17.01.2010 auf Zeit online: http://www.zeit.de/2008/52/DOS-Die-zweite-Entdeckung-Amerikas.
[169] REICHE 1968, 87.

oder Ägypter entstanden sein sollen. Nach aktuellem Wissensstand erbauten nur die Sumerer im Zweistromland vor dieser Zeit Pyramiden.[170]

Auch die weit verbreitete Clovis-Theorie[171], laut der die Vorfahren der Nasca 4.000 v.Chr. als Abkömmlinge von Bewohnern der um 10.000 gegründeten ersten Siedlung Clovis in Nordamerika über den Landweg nach Peru kamen, wird auf Grund anderer Funde kritisiert. Speerspitzen aus dem chilenischen Monte Verde konnten mit Hilfe der Messung des C14-Gehaltes auf das 12. Jahrtausend v.Chr. datiert werden und unterscheiden sich von denen aus Clovis, so dass der Anthropologe Prof. Tom Dillehay eher von einer Besiedlung entlang der Küste ausgeht. Auf diesem Seeweg war es möglich, bei Bedarf anzulegen und erste Niederlassungen, wie auch in der Nasca-Region zu gründen. Mythen peruanischer Völker rühmen Meeresgötter als Gründungsväter ihrer Gemeinschaft und stützen diese Annahmen ebenso wie der genetische Code aus dem Knochenmark von Gebeinen aus Pernil Alto, der Aufschluss über die Ursprünge der Nasca gibt.

Diese Entdeckungen und unterschiedlichen Theorien bestimmen die Geschichte der Peruaner und beeinflussen wiederum deren Identität. Wer stolz auf seine Ursprünge ist, spürt mit Wahrscheinlichkeit auch eine größere Verbindung zur eigenen Umgebung oder zum heimischen Land. Der Kontakt zweier Kulturen wie beispielsweise durch den Tourismus würde sich somit anders auswirken als wenn Einheimische ihre eigenen Schätze nicht kennen oder ihnen der Wert des kulturellen Erbes nicht bewusst ist. Das Streben, den eindringenden Kulturen ähneln zu wollen, könnte abnehmen und gleichzeitig den Wunsch stärken, im eigenen Land zu bleiben und es voran zu bringen, anstatt auszuwandern. Am Ausgang des Archäologischen Museums in Lima soll folgender Gedanke dazu anregen:

> *„Es deber de todos reflexionar sobre nuestro rumbo futuro, avizorar que debemos ser cada vez mejores, más personas, más peruanos, más humanos. Queremos que al finalizar el recorrido de nuestro museo, el visitante rescate los valores de nuestros ancestros y los utilice para construir un mejor destino para todos."*

Die Umfrage unter den Schülern macht dies besonders deutlich: der Großteil fühlt sich wohl in seiner Heimatstadt. Es ist weniger gefährlich als beispielsweise in Lima, so dass das Leben relativ entspannt ist. Die archäologischen Stätten machen die Schüler besonders stolz, da sie so viele Touristen anziehen, die extra aus weiter Ferne anreisen, um die ein-

---

[170] SCHMIDT-HÄUER, Christian: *Amerikas zweite Entdeckung. Die zweite Entdeckung…*, 23.12.2008, zuletzt besucht am 17.01.2010 auf Zeit online: http://www.zeit.de/2008/52/DOS-Die-zweite-Entdeckung-Amerikas; ADERS, Thomas: *Reise ins Reich der Inka. Spurensuche in den Anden Perus. 1.Teil – von der Küste ins Herz des Inka-Reichs*, Produktion des ARD Studios Rio de Janeiro für Phoenix 2010.
[171] ZDF-DOKUMENTATIONSREIHE TERRA X: *Die Vorfahren der Nasca*, 27.12.2009, zuletzt gesehen am 17.01.2010 auf: http://www.zdf.de/ZDFmediathek/beitrag/video/920432/Die-Vorfahren-der-Nasca#/beitrag/video/920432/Die-Vorfahren-der-Nasca/.

zigartigen Bilderrätsel und Ruinen zu besuchen. Nur acht der 122 Befragten wohnen nicht gern in Nasca, weil es zu heiß sei oder sie eine grünere Umgebung bevorzugen würden. Dennoch ist der Blick ins Ausland stark ausgeprägt, da dort bessere Arbeitsmöglichkeiten und somit ein höherer Lebensstandard erhofft werden.

Um diesen Abwanderungen entgegen zu wirken, scheinen viele auf den wachsenden Tourismus zu setzen. Bei einer multisektoriellen Versammlung zur Erstellung eines „Plan de Manejo Líneas y Geoglifos de Nasca y Pampas de Jumana" im September 2009 wurde das Weltkulturerbe immer als „elemento clave para el desarrollo social, económico y ambiental del territorio"[172] bezeichnet. Wenn dabei tatsächlich nicht nur der finanzielle Aspekt in den Mittelpunkt gerät, besteht die Möglichkeit, das Weltkulturerbe als identitätsstiftendes Element zur Verbindung der Einheimischen zu stärken und ein Stück Geschichte zu wahren. Denn „ein Volk ohne historisches Gedächtnis ist ein verlorenes Volk. Nur ein Volk, das über seine eigene Vergangenheit Bescheid weiß, kann auch die Gegenwart begreifen und im Idealfall die Zukunft gestalten."[173]

---

[172] INSTITUTO NACIONAL DE CULTURA: *Agenda de la primera reunión multisectorial de trabajo. Hacia el diseño de un sistema de gestión para el patrimonio cultural y natural en el territorio de Nasca/Palpa*, 01.09.2009 (bei der Versammlung erhaltenes Material)

[173] Zitat David Ugarte Vega, Dekan der anthropologischen und archäologischen Fakultät an der Universidad Nacional San Antonio Abad del Cusco. Er kritisiert den Ausverkauf der peruanischen Kultur und veranstaltet mit seinen Studenten Protestaktionen in Cusco gegen den profitorientierten Tourismus, vgl. ADERS, Thomas: *Reise ins Reich der Inka. Spurensuche in den Anden Perus. 1.Teil – von der Küste ins Herz des Inka-Reichs*, Produktion des ARD Studios Rio de Janeiro für Phoenix 2010; ADERS, Thomas: *Machu Picchu - Ein Weltkulturerbe wird zertrampelt*, 2009, zuletzt besucht am 17.01.2010 auf: http://www.daserste.de/Weltspiegel/beitrag_dyn~uid,uvpxsjca5hvymr3a~cm.asp.

7 Schutzmaßnahmen und Probleme der Umsetzung

7.1 Vergangene Bemühungen um den Erhalt des Kulturerbes

Was wurde und wird unternommen, um die noch vorhandenen Spuren der damaligen Nasca-Bewohner auch für kommende Generationen zu erhalten? Christiane Richter, Mitarbeiterin der Fakultät Geoinformation und des Nascaprojektes der HTW Dresden betont die Schwierigkeit dieses Vorhabens: „The preservation of this ancient monument is a costly undertaking and seems hardly feasible in view of the actual situation in Peru, the environmental pollution and the mass tourism."[174]

Zuerst setzte sich Maria Reiche bis zu ihrem Lebensende 1998 für den Schutz der Wüstenbilder ein. Abgesehen von ihren zahlreichen Aufzeichnungen, Fotografien und Vermessungen von über achthundert Figuren und Linien[175], bemühte sie sich, bei der Öffentlichkeit die einzigartigen Hinterlassenschaften ins Bewusstsein zu rufen, um weitere Forschungsarbeiten anzuregen und somit das Erbe zu erhalten, das durch die Panamericana schon sichtbar zerstört ist. Bis heute dienen die Aufzeichnungen der Dresdner Mathematikerin als Grundlage für ein Gesamtbild der Pampa, da sie manche Zeichnungen noch unversehrt beschrieb, die später durch Schaulustige oder Umweltverschmutzung zerstört wurden.

Das bereits genannte Projekt zur Bewässerung der Pampa für Baumwollplantagen konnte dank ihres Einsatzes 1955 verhindert werden. Ab 1964 nahmen ihre gesundheitlichen Probleme zwar zu, dennoch kämpfte Maria Reiche gegen die drohende Zerstörung durch den wachsenden Tourismus an. 1968 hielt sie auf dem XXXVIII. Internationalen Amerikanistenkongress in Stuttgart und München Vorträge über die Bodenzeichnungen, wodurch das internationale Interesse stark zunahm.

Von da an reisten nicht nur neugierige Touristen nach Nasca, Reiche erhielt auch zunehmende Unterstützung von Fachleuten zur Vermessung des Geländes oder zur weiteren Publikation des Themas. Allerdings entsprach diese Hilfe nicht immer ihren Vorstellungen, wie es beispielsweise die zu ihren Annahmen gegensätzlichen Schlussfolgerungen des Astronomen Gerald Hawkins zeigen. Bis zu ihrem Lebensende war es anderen Wissenschaftlern nur mit besonderem Fingerspitzengefühl möglich, eigene Forschung betreiben zu können, da Maria Reiche sich ein gewisses Hausrecht in der Pampa sichern konnte. Abgesehen

---

[174] Richter, Christiane: "NascaGIS – An Application for Cultural Heritage Conservation", in TEICHERT, 115.
[175] RUST, 13.

von der Genehmigung des Instituto Nacional de Cultura war die Zustimmung Reiches als örtliche Jurisdiktion für Untersuchungen nötig.[176]

Auf dem nächsten Amerikanistenkongress 1970 in Lima konnte die deutsche Wissenschaftlerin abermals interessierte Teilnehmer bezüglich des Schutzes der Scharrbilder sensibilisieren: „Mit meinen Vorträgen möchte ich den Touristen etwas bieten, vor allem ihre Neugier stillen. Damit hoffe ich, die Wüstenzeichen vor weiterer Zerstörung zu schützen, denn es ist ja nicht mehr rückgängig zu machen – die Pampa ist eben ein Touristenziel geworden."[177]

Abgesehen davon ließ sie 1976 einen Aussichtsturm an der Panamericana installieren, der hauptsächlich von den Schwestern Maria und Renate Reiche finanziert wurde. Damit sollte eine Alternative zur Besichtigung der Wüstenbilder mit Motorrädern oder Autos geboten werden, denn das „riesige Netz eines ausgeklügelten – vielleicht brillanten Entwurfs wird in ein Netz von Fahrspuren verwandelt."[178] Dieser dreizehn Meter hohe Stahlturm konnte Jahre lang kostenlos besucht werden, um jedem den Blick auf drei Figuren aus einer höheren Perspektive zu ermöglichen. Auf der Suche nach Sponsoren in Lima gewann Reiche einen Schokoladenfabrikanten, der ein Häuschen für zwei Wächter errichten ließ, die von da an ein Auge auf die nähere Umgebung werfen sollten, um auf Zerstörungen hinzuweisen oder diese möglichst zu verhindern. Reiche finanzierte die Aufseher mit den Einnahmen ihres Buches „Geheimnis der Wüste", das in Spanisch, Englisch und Deutsch erschien. Aber auch Renate Reiche unterstützte ihre ältere Schwester finanziell mit ihrem Einkommen als Ärztin.

Als Anerkennung für ihre Bemühungen erhielt Maria Reiche abgesehen von sich häufenden Auszeichnungen und Ehrungen 1977 von der peruanischen Regierung eine monatliche Ehrenpension sowie das kostenlose Wohnrecht im Hotel Turista. Dort hielt sie jeden Abend für Touristen einen Vortrag in drei Sprachen, der ihnen die bisherige Forschungsarbeit näher brachte und die Notwendigkeit des Schutzes deutlich machte. Heute füllt sich allabendlich das von zwei Astronomen errichtete Planetarium, um diese Tradition fortzuführen.

Auch die Universidad Nacional de San Marcos und der Servicio Aerofotográfico Nacional der peruanischen Luftwaffe unterstützten den Kampf Reiches um den Erhalt der Erbstücke. In den siebziger Jahren erklärte das Instituto Nacional de Cultura die Pampa von San José

---

[176] AVENI, 214.
[177] Reiche, Maria zitiert in SCHULZE, 116.
[178] Reiche, Maria in einem Brief an die Presse in Lima, in MORRISON, 129.

zum Schutzgebiet und ließ Anschlagtafeln errichten, die das Betreten verboten.[179] Doch das Gebiet ist so großräumig, dass eine Kontrolle mit nur zwei Wächtern unmöglich ist. Aufgrund der Verschlechterung ihres Gesundheitszustandes gründete Reiche 1987 gemeinsam mit dem befreundeten Ehepaar Birkbeck die Asociación Maria Reiche para las Líneas y Geoglifos de Nasca, um die Schutzbemühungen weiterhin abzusichern. Die Errichtung eines Museums in dem Gebäude, in dem Maria jahrelang wohnte, sollte ebenso der Aufklärung der Bevölkerung und anreisender Touristen dienen.

Doch letztendlich hat wohl besonders der Eintrag der Linien und Figuren von Nasca als UNESCO-Weltkulturerbe 1994 breiteres Interesse geweckt und die Dringlichkeit des Schutzes deutlich gemacht. Seitdem ist zumindest ein Teil des Gebietes, die Pampa de Jumana, gesetzlich abgesichert. In der Praxis lassen sich diese Reglementierungen allerdings schwierig umsetzen. Abgesehen von der Größe des Sektors und der Korruption bremsten schon kurz vor dem Tod Maria Reiches Interessenkonflikte die Schutzbemühungen. Auch danach hat sich daran nicht viel geändert.

7.2 Aktuelle Interessen und Pläne

Schon lange ist die Vergrößerung des Aussichtsturmes angedacht. Die regionale Regierung von Ica plant sogar in Zusammenarbeit mit dem Ministerio de Comercio Exterior y Turismo weitere Anlagen, um einerseits Touristen noch mehr Aussichten zu bieten, andererseits aber auch eine bessere Beaufsichtigung des Geländes zu ermöglichen. Zusätzlich zum Bodenpersonal sollen sowohl Geländewagen als auch Flugzeuge dieses Vorhaben unterstützen. Abgesehen von diesen Maßnahmen sieht der Plan COPESCO[180] eine bessere Beschilderung der zu schützenden Stellen als nötig an. Auch der infrastrukturelle Ausbau ist vorgesehen. Vor allem der Zugang zu Cahuachi als bedeutendes zeremonielles Zentrum der damaligen Nasca soll verbessert werden. Die Einrichtung eines Museums und anderer Dienste ist ebenso in Planung. Durch diese Maßnahmen soll der Ausbau des Touristenzieles ermöglicht werden, um mit den Einnahmen aus diesem Sektor die Armut in der Region zu senken und eine Dezentralisierung voranzutreiben.

Ob die Gelder tatsächlich diesem Vorhaben zu Gute kommen, bleibt abzuwarten. Der Schutz der Erbstücke erscheint insgesamt eher als Nebensache, wird aber zumindest einbezogen, da er für touristische Einnahmen grundlegend ist. An diesem Exempel werden die

---

[179] MORRISON, 135.
[180] PROYECTO ESPECIAL REGIONAL Plan COPESCO, zuletzt besucht am 17.01.2010 auf: http://www.copesco.gob.pe/index_f.htm.

Interessenkonflikte innerhalb Nascas besonders deutlich: Flugunternehmen sind beispielsweise kaum daran interessiert, weitere Aussichtstürme entstehen zu sehen. Piloten und Fluggesellschaften zählen zu den wohlhabendsten Unternehmern in Nasca. Weiterhin fühlt sich die regionale Regierung vor allem durch das Instituto Nacional de Cultura gebremst, da dieses den Ausbau der Straße nach Cahuachi nicht gestatten will. Insgesamt scheint es, dass der Großteil vor allem an den Profit, weniger jedoch an den Schutz denkt.

Interessant ist beispielsweise, dass die Asociación Maria Reiche para las Líneas y Geoglifos de Nasca bereits über eigene Motorräder zur Überwachung des Geländes verfügt und diese auch Jahre lang im Einsatz waren, bis das Instituto Nacional de Cultura 2007 den Aussichtsturm in Besitz nahm und den Verein wohl aus diesem Gebiet verdrängt haben soll. Der Verein ist durch interne Streitigkeiten sehr in Verruf geraten und genießt in Nasca kein großes Ansehen. Doch bedenkt man, dass der momentane Präsident Alejandro Bocanegra Mejía als Eigentümer zahlreicher Ländereien sein eigenes Geld für den Schutz einsetzte, um die Arbeit Maria Reiches fortzusetzen, erscheinen Vorwürfe wie Geldhinterziehung und Korruption fraglich. Statistiken der Besucherzahlen des Aussichtsturmes[181] rücken eher die Tätigkeit mancher Mitarbeiter des Kulturinstitutes in ein schlechtes Licht: als die Asociación noch den Eintritt von den Touristen verwaltete, lag die gezählte Besucherzahl 2006 bei rund 60.000 Personen. Zwei Jahre später stiegen unter Leitung des Institutes fast 10.000 Touristen weniger die Stahlleitern empor. Sicherlich sind die Ursachen für diesen Rückgang vielseitig und schon 2009 lassen sich abermals Anstiege verzeichnen. Wie bereits erläutert, spielen weltweite Geschehnisse eine wichtige Rolle für die Wahl eines Urlaubszieles oder das generelle Reiseverhalten. Doch bei der Betrachtung der Besucherstatistiken des Museo Didáctico Antonini oder der Flüge[182] über die Pampa ist kein so gravierender Rückgang zu erkennen wie beim Aussichtsturm. Die in Peru weit verbreitete Korruption ist also nicht auszuschließen.

Der Verein selbst hatte damit anfänglich genauso zu kämpfen und setzte deshalb eine Supervisorin ein, welche die Arbeit und Einnahmen der Wächter kontrollierte. Hier zeigt die Statistik einen deutlichen Anstieg der Besucherzahlen seit 2004. Abgesehen davon stehen auch andere Einheimische den Wächtern des INC skeptisch gegenüber. Diese seien häufig nicht anwesend oder wenden sich ab, wenn vor ihren Augen Touristen auf der nicht zu betretenden Pampa umherlaufen. Ein Einheimischer sprach sie daraufhin an und bekam als Antwort, dass Sonntag sei. Mit Sicherheit lassen sich beim nationalen Kulturinstitut Ar-

---

[181] Statistik Siehe Anhang 10.
[182] Statistiken siehe Anhang 11 & 12.

chäologen finden, denen der Schutz des Weltkulturerbes sehr am Herzen liegt. Aber die Grundstimmung in der Pampastadt erklärt vielleicht zum Teil die Skepsis gegenüber öffentlichen Einrichtungen oder Vereinen, die den Erhalt maßgeblich bremst. Es stehen andere Interessen – vor allem ökonomische – im Vordergrund, so dass schnell der Eindruck entsteht, der Schutz der Wüstenzeichnungen ist bei vielen eher Alibi als wirkliches Bestreben. Sonst würden wohl manche Projekte bereits laufen oder wären zumindest in konkreter Planung anstatt nur im Gespräch.

Die bisherigen Treffen zur Erstellung eines „Plan de Manejo Líneas y Geoglifos de Nasca y Pampas de Jumana" im September und Oktober 2009 fanden wohl genau aus diesem Grund nicht allzu großen Zuspruch. Das INC lud gemeinsam mit der UNESCO regionale Institutionen, Vereine und Interessenten ein, um gemeinsam einen Plan zum Schutz des Weltkulturerbes zu erstellen. Viele Arbeiten wurden bereits für die Richtlinien von Lumbreras im Jahr 2000 vorgenommen, es mangelte jedoch an der Umsetzung. Nun fließen wieder Gelder in dieses Projekt, um diesmal wirklich etwas zu bewirken. Doch im ersten Treffen wurde ohne konkrete Vorschläge eher oberflächlich über Projekte geredet und vieles besprochen, was bereits schriftlich in den älteren Richtlinien verankert ist. Deshalb verließen manche Teilnehmer die Runde vorzeitig oder erschienen erst gar nicht. Das INC sieht seine Aufgabe aber vorrangig in der Verwaltung beziehungsweise der Zusammenführung der Institutionen und Vereine. Es bleibt also abzuwarten, welche Maßnahmen zum Schutz des Weltkulturerbes 2010 konkret durchgeführt werden.

Als einzige bisherige Maßnahme digitalisierte der INC 2008 über zwanzig Figuren, konservierte fünfzehn und reinigte weitere Zeichnungen.[183] Zusätzlich wird die Arbeit des Instituts durch Tourismus, Bergbau und Landwirtschaft erschwert. Die Einnahmen aus diesen Sektoren stehen noch immer über dem Erhalt des Weltkulturerbes, obwohl den meisten bewusst ist, dass durch die weitere Zerstörung der Scharrbilder das Einkommen in verschiedenen Bereichen ebenso gefährdet ist. Der geplante Erhalt nur um des Geldes willen ist sowohl wenig erstrebenswert als auch schwieriger umsetzbar als wenn das Bewusstsein über die Einzigartigkeit des Erbes die Basis für Schutzbemühungen bildet.

Zur Unterstützung dieses Ansatzes rief die Dirección de Promoción Escolar, Cultura y Deporte (DIPECUD) des Bildungsministeriums im Rahmen des Programa de Promoción y Defensa del Patrimonio Cultural vor allem Lehrer, Bildungseinrichtungen und die Zivilgesellschaft dazu auf, Projekte zu entwickeln, „que promuevan las manifestaciones de nuest-

---

[183] EL COMERCIO: *Limpian alcantarillas para evitar que lluvias dañen las Líneas de Nasca*, 15.01.2008, zuletzt besucht am 17.01.2010 auf: http://elcomercio.pe/ediciononline/HTML/2008-01-15/limpian-alcantarillas-evitar-que-lluvias-danen-lineas-nasca.html.

ro patrimonio cultural, material e inmaterial".[184] Durch die finanzielle Unterstützung soll so die Bevölkerung für mehr Respekt und Wertschätzung ihrer Umgebung sensibilisiert werden, um somit den Schutz gewährleisten zu können beziehungsweise anzukurbeln. Außerdem könnten dadurch die kulturelle Identität sowie Diversität anerkannt, geschützt und beworben werden.

Letztendlich bleibt nur die Frage, wer sich dieser Zusatzaufgabe annimmt. Die von manchen Lehrern organisierten Exkursionen zu den nahe gelegenen archäologischen Stätten wecken schon jetzt Hoffnung auf einen Wandel. In allen der vier befragten Klassen hatte ein Großteil der Schüler die in Verbindung mit der Nasca-Kultur stehenden Orte mit der Schule oder den Eltern besucht und war sichtlich begeistert. In viele der Einrichtungen, wie den Aussichtsturm an der Panamericana, von dem aus drei Figuren zu sehen sind, das Museo Maria Reiche oder das Museo Arqueológico Antonini, wird den Schülern der Region ein Besuch zu besonders niedrigen Preisen oder gar kostenlos ermöglicht. Dies ist ein wichtiger Beitrag zur Stärkung des Bewusstseins über die Bedeutung des Kulturerbes und ein Einflussfaktor auf die Identität.

Wenn das „Proyecto Educativo Regional concertado de Ica" mit besonderer Berücksichtigung lokaler Kulturen tatsächlich umgesetzt wird, liegt dieser bedeutende Aspekt nicht mehr allein in den Händen einzelner Lehrer und Eltern. In Zusammenarbeit von Studenten, Dozenten, Direktoren, Eltern, lokalen Autoritäten und der Zivilgesellschaft entstand diese regionale Vereinbarung, die 2008 von der Regionalregierung verabschiedet wurde.

Die Asociación Maria Reiche para las Líneas y Geoglifos de Nasca pflanzte im Jahr 2000 zum zweiten Todestag der Dresdnerin den „Árbol de la Identidad e Integración Cultural de las provincias de Nasca y Palpa" um dieses Ziel symbolisiert in einem Huarango-Baum Wurzeln schlagen zu lassen. Zwei Jahre später wurde der „Día de la Identidad e Integración de Nasca y Palpa" ins Leben gerufen, der mit dem Anschluss der anderen drei Provinzen 2006 als „Día de la Identidad e Integración Regional de las provincias de Ica, Chincha, Pisco, Palpa y Nasca" in einem regionalen Dekret verankert wurde. Diese Aktionen sollen die Regionalregierungen dazu aufrufen sowohl die lokale Geschichte als auch die kulturelle Identität der einzelnen Regionen zu erforschen und zu stärken.

Bis die Bemühungen innerhalb Perus Wurzeln schlagen, beschäftigen sich ausländische Wissenschaftler aktiv mit dem Erforschen und Erhalten des Kulturerbes. Sowohl die Ausgrabungen in Palpa unter Markus Reindel als auch die Digitalisierung der Pampa durch die

---

[184] DIRECCIÓN DE PROMOCIÓN ESCOLAR, CULTURA Y DEPORTE: *Programa de promoción y defensa del patrimonio cultural. Cuarto Concurso „Trabajemos el Patrimonio Cultural y Natural de nuestra region" DIPECUD* – 2009, (in Nasca erhaltenes Material).

HTW Dresden leisten einen wichtigen Beitrag, die übrigen Hinterlassenschaften zu schützen, die weder der Grabräuberei noch der landschaftlichen Zerstörung zum Opfer gefallen sind. So können diese Erbstücke im Original oder zumindest in digitalisierter Form für folgende Generationen bewahrt werden.

8 ZUSAMMENFASSUNG

Seit der Erschaffung der Wüstenbilder von Nasca sind über zwei Jahrtausende verstrichen, in denen sich sowohl deren Beschaffenheit als auch Bedeutung wandelten. Die Spuren der Nasca verloren sich mit der Zeit durch Überlagerungen anderer Kulturen. In der Pampa und in schriftlichen Quellen fanden die Linien nur selten als Wege Beachtung. Auf Grund der besonderen klimatischen Bedingungen der Region überdauerten sie bis ins 20. Jahrhundert relativ unversehrt. Erst in den 1920ern rückten die Vertiefungen im Wüstenboden durch Forschungsarbeiten Kroebers und Xesspes sowie die Sichtung aus dem Flugzeug näher in den Fokus internationaler Untersuchungen. Angestoßen von Paul Kosok widmete die Dresdnerin Maria Reiche einen Großteil ihres Lebens dieser Arbeit und bemühte sich vor allem um den Erhalt der Scharrbilder, deren Erscheinungsbild durch den Bau der Panamericana, andere zivilisatorische Eingriffe oder neugierige Touristen zunehmend zerstört wurde.

Bis heute ist der Schutz der Wüstenzeichnungen ein äußerst schwieriges Unterfangen, da in und um das kleine Städtchen Nasca verschiedene Interessengruppen aufeinandertreffen, deren primäres Ziel nur selten der Erhalt des Kulturerbes ist. Vielmehr rücken ökonomische Gewinne in den Vordergrund, um der Armut zu entkommen oder aber Reichtum anzuhäufen. Korruption und Grabräuberei stellen ein großes Problem dar, dem besonders mit Beschäftigungsmöglichkeiten im Tourismus entgegen gewirkt werden soll. Ob davon überwiegend die ärmere Bevölkerung profitiert und soziale Probleme verringert werden können, hängt vor allem von der Planung des weiteren Ausbaus ab. Sowohl Chancen als auch Risiken müssen berücksichtigt werden, um für Einheimische eine nachhaltige Einkommensquelle zu sichern, die sich günstigenfalls sogar positiv auf Kultur und Natur auswirkt. Es besteht die Hoffnung, dass trotz aller Streitigkeiten unter den verschiedenen Interessengruppen ein Teil der Einnahmen für den Schutz der Erbstücke verwendet wird.

Dies scheint aber nur dann möglich, wenn gleichzeitig das Bewusstsein der Einheimischen dafür gestärkt wird und nicht nur der Profit im Vordergrund steht. Auch in dieser Hinsicht spielt der Fremdenverkehr eine wichtige Rolle, denn dass jährlich hunderttausende Touristen nach Nasca kommen, hat großen Einfluss auf den Stolz der Bewohner bezüglich der Hinterlassenschaften ihrer Vorfahren. Beispielsweise Museumsangestellte oder Einheimische, die nicht im Tourismusgeschäft arbeiten, beschäftigen sich zunehmend mit ihrer Vergangenheit und nutzen Informationsmöglichkeiten, die durch den Zustrom in- und ausländischer Reisender entstanden sind.

Vor allem bei Schülern lösen die zahlreichen Besucher positive Gefühle aus, die sie Stolz auf ihre Ahnen und Umgebung empfinden lassen. Nicht selten entsteht dabei der Wunsch, den Fremden die Schönheiten der Nasca-Region zu zeigen und in diesem Sektor zu arbeiten. Finden lokale und regionale Kulturen tatsächlich im Unterricht mehr Berücksichtigung, könnten auch die Kinder immigrierter Eltern einen stärkeren Bezug zu ihrer Umgebung entwickeln und somit für einen rücksichtsvollen Umgang mit dem Erbe jahrtausendealter peruanischer Kulturen sensibilisiert werden.

Die heutigen Traditionen ähneln in ihrer Vielfalt und Vermischung zwar kaum noch denen der damaligen Nasca, dennoch haben deren Erzeugnisse noch immer Einfluss auf die Identität der Nasqueños. Bei einem Spaziergang die Hauptstraße entlang zur Plaza de Armas begegnet man den Figuren der Pampa in verschiedensten Formen: als Bilder auf dem Fußweg, auf Werbeschildern für Restaurants und Bars, auf Keramiken, Textilien und Schmuckstücken. Nicht nur Touristen sind Kunden dieser Läden, auch Einheimische zieren sich mit dem Affen, der Spinne, dem Kolibri oder der im Wüstenboden verewigten Eidechse.

Im Zusammenhang mit dem in Peru verbreiteten Rassismus bergen die Figuren und Linien von Nasca neben anderen Kulturdenkmälern eine Quelle, um den Stolz auf indigene Wurzeln und somit deren Akzeptanz zu stärken. Die Arbeit interdisziplinärer Forschergruppen trägt mit ihren aktuellen Erkenntnissen ebenso dazu bei. In Zusammenarbeit fügen sie aus Keramiken, Textilien, Mumien oder anderen Siedlungsresten ein Puzzle zusammen, welches den Blick auf vergangene Kulturen weltweit wandeln könnte.

9 Literaturverzeichnis

- Asociación Maria Reiche para las Líneas y Geóglifos de Nasca: *Visitantes al mirador* (in Nasca erhaltene Statistik, Oktober 2009)

- Abad, Cesar: *Palpa y sus condiciones actuales*, Vortrag bei der Primera reunión multisectorial de trabajo. Hacia el diseño de un sistema de gestión para el patrimonio cultural y natural en el territorio de Nasca/Palpa, 01.09.2009

- Anton, Ferdinand: *Alt-Peru und seine Kunst*, Leipzig: Seemann 1972, S. 37-40

- Aparicio Bueno, Fernando: *Líneas de Nazca: enigma resuelto?*, La Paz: Prod. CIMA 2001

- Aveni, Anthony F.: *Das Rätsel von Nasca. Die gigantischen Bodenzeichnungen in der Wüste Perus*, München: Ullstein 2000

- Barraza Eléspuru, Ernesto: *La mujer que barrió el desierto: Maria Reiche*, Lima: Universidad Peruana de Ciencias Aplicadas 2004

- Bocanegra Mejía, Alejandro: *Maria Reiche en el tiempo*, Lima: Perfil Gráfico S.R.L. 2007

- Born, Joachim: *Peru zur Jahrtausendwende. Kultur, Bildung, Sprache, Musik und Kirche. Beiträge eines Kolloquiums anlässlich des 100. Geburtstags von Maria Reiche vom 14.-15. Mai 2003 in Dresden*, Dresden: Thelem bei w.e.b. 2004

- Bushnell, Geoffrey H.: *Peru. Von den Frühkulturen zum Kaiserreich der Inka*, Köln: DuMont Schauberg 1957, S. 89-92

- Butler, Richard: *Tourism and indigenous peoples. Issues and implications*, Amsterdam: Butterworth-Heinemann 2007

- Cámara de Turismo de Nasca: *Movimiento Anual de Pasajeros y Aeronaves de Nasca* (in Nasca erhaltene Tabelle, Oktober 2009)

- Däniken, Erich von: *Zeichen für die Ewigkeit. Die Botschaft von Nazca*, Augsburg: Bechtermünz Verlag 2001

- Däniken, Erich von: *Erinnerungen an die Zukunft. Ungelöste Rätsel der Vergangenheit*, Frankfurt am Main/Berlin: Ullstein 1982

- Davies, Nigel: *Los antiguos reinos del Perú*, Barcelona: Critica 1999, S.41-57

- Dirección de Promoción Escolar, Cultura y Deporte: *Programa de promoción escolar, cultura y deporte. Cuarto Concurso „Trabajemos el Patrimonio Cultural y Natural de nuestra region"*, DIPECUD – 2009 (in Nasca erhaltenes Material)

- DWORSCHAK, Helmut: *Kulturdiskurse. Zum Verhältnis von Tourismus und indigener Kultur*, Münster: Waxmann 1994

- GUEVARA ESPINOZA, Antonio: *Socio Mundo 1. Primero de Secundaria*, Lima: editorial Bruno 2009

- HELFRICHT, Jürgen: Maria Reiche – Die Hüterin der Linien von Nazca, in: *Hellerau-Almanach/5.*, Dresden: Hellerau-Verlag 1998, S. 75-89

- INSTITUTO NACIONAL DE CULTURA (INC): *Visitantes al mirador* (in Nasca erhaltene Statistik, Oktober 2009)

- INSTITUTO NACIONAL DE CULTURA (INC): *Agenda de la primera reunión multisectorial de trabajo. Hacia el diseño de un sistema de gestión para el patrimonio cultural y natural en el territorio de Nasca/Palpa*, 01.09.2009 (bei der Versammlung erhaltenes Material)

- INSTITUTO NACIONAL DE ESTADÍSTICA E INFORMÁTICA (INEI): *Perú: compendio estadístico 2008*, Lima: INEI 2008

- JONTES, Günther & Leitner-Böchzelt, Susanne: *Peru, versunkene Kulturen: Die Welt der Inka, Mochica, Nasca, Lambayeque, Chimú*, Leoben: Stadtgemeinde Leoben 2000, S. 18f.

- LANCHO Rojas, Josué: *María Reiche: La Dama de las Pampas*, Peru: 2005, tercera edición

- LANCHO Rojas, Josué: *Cahuachi. El Centro Ceremonial en adobe más grande del mundo*, Nasca (in bei der Tempelanlage von Cahuachi erhältliches Informationsheft)

- LUMBRERAS, Luis Guillermo: *Formulación de los lineamientos para la elaboración de un plan de manejo de las Líneas de Nasca: elaborado por encargo del convenio UNESCO - INC sobre Medidas de Emergencia para la Conservación de las Líneas y Geoglifos de Nasca*, Lima : Instituto Nacional de Cultura del Perú (INC) UNESCO 2000

- MARGRAF, Manuela: *Community Based Tourism. Ein Instrument nachhaltiger Entwicklung ehemals benachteiligter Bevölkerungsgruppen am Beispiel Kaymandi, Südafrika*, VDM Verlag Dr. Müller 2006

- MASON, John Alden: *Das alte Peru. Eine indianische Hochkultur*, Essen: Magnus-Verlag 1975, S. 133-148

- MINISTERIO DE COMERCIO EXTERIOR Y TURISMO (MINCETUR): *Encuesta Mensual de Establecimientos de Hospedaje* (in Lima erhaltene Statistiken, August 2009)
- MORRISON, Tony: Das *Geheimnis der Linien von Nazca*, Basel: Wiese 1988

- MOSER, Thomas: *Das Nasca-Piktogramm. Ein geometrisches Bildzeichen erzählt*, Leipzig: Bohmeier 2007

- MOWFORTH, Martin & Munt, Ian: *Tourism and sustainability. Development, globalisation and new tourism in the Third World*, London: Routledge 2009

- MUSEO DIDÁCTICO ANTONINI: *Cuadro compartivo de ingresos anuales de turistas al Museo Didáctico Antonini* (in Nasca erhaltene Statistik)

- PETERMANN, Thomas: *Folgen des Tourismus. Band 2: Tourismuspolitik im Zeitalter der Globalisierung*, Berlin: Ed. Sigma 1999

- PETERMANN, Thomas: *Folgen des Tourismus. Band 1: Gesellschaftliche, ökologische und technische Dimensionen*, Berlin: Ed. Sigma 1998

- PETRI, Otto: *Der internationale Tourismus als Entwicklungsfaktor in Ländern der Dritten Welt*, Frankfurt am Main: Verlag Peter Lang BmbH 1986

- PROMPERU: *Ciudades visitadas en el Perú 2006 & 2008* (in Lima erhaltene Tabellen, August 2009

- REICHE, Maria: *Geheimnis der Wüste. Vorbericht für eine wissenschaftliche Deutung der vorgeschichtlichen Bodenzeichnungen von Nazca, Peru und Einführung in ihr Studium*, Stuttgart-Vaihingen: Selbstverlag Maria Reiche 1968

- RIVERA Dorado, Miguel & Vidal Lorenzo, María Cristina: *Arqueología americana*, Madrid: Ed. Síntesis 1992, S.149-157

- ROHRBACH, Carmen: *Botschaften im Sand. Reise zu den rätselhaften Nazca-Linien*, München: Frederking & Thaler 2000

- RÖßLER, Maren: *Zwischen Amazonas und East River. Indigene Bewegungen und ihre Repräsentation in Peru und bei der UNO*, Bielefeld: transcript 2008

- RUST, Christoph: *Nasca Korrespondenzen. Ein interdisziplinären Forschungsprojekt zu den Nasca Linien in Peru*, Bönen: Kettler 2006

- SCHULZE, Dietrich & Zetzsche, Viola: *Bilderbuch der Wüste. Maria Reiche und die Bodenzeichnungen von Nasca*, Halle (Saale): Mitteldeutscher Verlag 2005

- SIRUCEK, Renata: *Armutsminderung durch Ökotourismus. Eine Fallstudie aus Südafrika*, Saarbrücken VDM Verlag Dr. Müller 2006

- STIERLIN, Henri: *Die Kunst der Inka und ihrer Vorläufer. Von Valdivia bis Machu Picchu*, Stuttgart: Belser 1983, S. 107-125

- TEICHERT, Bernd: *Nasca Symposium 2006 im Zentrum für Interdisziplinäre Forschung der Universität Bielefeld (ZIF)*, Dresden: Selbstverlag des Fachbereiches Vermessungswesen, Kartographie der Hochschule für Technik und Wirtschaft Dresden (FH) 2007

- VORLAUFER, Karl: *Tourismus in Entwicklungsländern: Möglichkeiten und Grenzen einer nachhaltigen Entwicklung durch Fremdenverkehr*, Darmstadt: Wissenschaftliche Buchgesellschaft 1996

- VORLAUFER, Karl: *Ferntourismus und Dritte Welt*, Frankfurt a.M.: Diesterweg 1984
- WIECZOREK, Alfried [Hrsg.] & Tellenbach, Michael: *An die Mächte der Natur. Mythen der altperuanischen Nasca-Indianer*, Mainz: von Zabern 2002

- YASHAR, Deborah J.: *Contesting Citizenship in Latin America. The rise of Indigenous Movements and the Postliberal Challenge*, New York 2005

Internetquellen

- ADERS, Thomas: *Machu Picchu - Ein Weltkulturerbe wird zertrampelt*, 2009, zuletzt besucht am 17.01.2010 auf:
  http://www.daserste.de/Weltspiegel/beitrag_dyn~uid,uvpxsjca5hvymr3a~cm.asp

- ARBEITSGEMEINSCHAFT FÜR NACHHALTIGE TOURISMUSENTWICKLUNG (DANTE): *Rio +10. Rote Karte für den Tourismus? 10 Leitsätze und Forderungen für eine zukunftsfähige Entwicklung des Tourismus im 21. Jahrhundert*, zuletzt besuche am 17.02.2020 auf: http://www.tourism-watch.de/fix/26/rio10de.pdf

- ARBEITSGEMEINSCHAFT FRIEDENSFORSCHUNG an der Uni Kassel: *Peru. Berichte und Informationen*, zuletzt besucht am 17.01.2010 auf:
  http://www.uni-kassel.de/fb5/frieden/regionen/Peru/Welcome.html

- ARBEITSKREIS TOURISMUS & ENTWICKLUNG (Plüss, Christine u.a.): *fairunterwegs*, zuletzt besucht am 17.01.2010 auf:
  http://www.fairunterwegs.org/themen/arbeit.html

- ARBEITSKREIS TOURISMUS & ENTWICKLUNG (Plüss, Christine u.a.): *fairunterwegs – Tourismus in Entwicklungsländern – Globale Verteilung*, zuletzt besucht am 17.01.2010 auf:
  http://www.fairunterwegs.org/fileadmin/ContentGlobal/PDF/Tourismus_Entwicklungslaender.pdf

- ARBEITSKREIS TOURISMUS & ENTWICKLUNG (Plüss, Christine u.a.): *fairunterwegs – Arbeitsmarkt Tourismus*, zuletzt besucht am 17.01.2010 auf:
  http://www.fairunterwegs.org/fileadmin/ContentGlobal/PDF/Arbeitsmarkt_Tourismus.pdf

- EITEL, Bernhard: *Veröffentlichungen*, zuletzt besucht am 17.01.2010 auf:
  http://www2.geog.uni-heidelberg.de/physio/mitarbeiter/eitel_publikationen.htm

- EL COMERCIO: *El turismo en la escuela*, zuletzt besucht am 17.01.2010 auf der Internetseite der Agencia Española de Cooperación Internacional para el Desarrollo/ Oficina Técnica de Cooperación en Perú,
  http://www.aeci.org.pe/noticias/?accion=showDetail&id=105

- EL COMERCIO: *Limpian alcantarillas para evitar que lluvias dañen las Líneas de Nasca*, 15.01.2008, zuletzt besucht am 17.01.2010 auf: http://elcomercio.pe/ediciononline/HTML/2008-01-15/limpian-alcantarillas-evitar-que-lluvias-danen-lineas-nasca.html

- INSTITUTO NACIONAL DE ESTADISTICA E INFORMÁTICA (INEI): Gráfico No.1.4, *Perú: Evolución de la distribución de la población censada, por región natural, 1940-2007*, zuletzt besucht am 17.01.2010 auf: http://www.naimad.de/wp/wp-content/uploads/2008/11/landflucht-kueste-statistik-bevoelkerungsverteilung-peru1.jpg

- INSTITUTO NACIONAL DE ESTADISTICA E INFORMÁTICA (INEI): *Censos Nacionales 2007: XI de Población y VI de Vivienda*, zuletzt besucht am 17.01.2010 auf: http://desa.inei.gob.pe/censos2007/tabulados/, actividades distrito Nasca, no. 21: población económicamente activa de 14 y más años de edad, por categoría de ocupación, sexo y rama de actividad económica

- MACCLURE: *Nazca-Lines- „Alcatraz"*, zuletzt besucht am 17.01.2010 auf: http://farm1.static.flickr.com/43/109885834_66f0ba81a2.jpg

- MACHUCA CASTILLO, Gabriela: *Hallan tumba de niña élita del period Nasca Temprano*, 03.10.2009, zuletzt besucht am 17.01.2010 auf El Comercio: http://elcomercio.pe/noticia/350249/hallan-tumba-nina-elite-que-data-periodo-nasca-temprano

- MINISTERIO DE COMERCIO EXTERIOR Y TURISMO (MINCETUR): *Estudio sobre la rentabilidad social de las inversiones en el sector turismo en el Perú*, Januar 2009, zuletzt geöffnet am 17.01.2010 auf: http://www.mincetur.gob.pe/newweb/Default.aspx?tabid=3460

- MINISTERIO DE COMERCIO EXTERIOR Y TURISMO (MINCETUR): *Perú: Estadísticas de Turismo 2008*, zuletzt geöffnet am 17.01.2010 auf: http://www.mincetur.gob.pe/newweb/portals/0/turismo/Presentac_Cifras_de_Turismo.pdf

- PROULX, Donald A.: *Nasca Puquios and Aqueducts*, zuletzt besucht am 17.01.2010 auf: http://www-unix.oit.umass.edu/~proulx/online_pubs/Zurich_Puquios_revised_small.pdf

- PROYECTO ESPECIAL REGIONAL Plan COPESCO, zuletzt besucht am 17.01.2010 auf: http://www.copesco.gob.pe/index_f.htm
- REINDEL, Markus: *Archäologisches Projekt Nasca-Palpa*, Peru, zuletzt besucht am 17.01.2010 auf der Internetseite des Deutschen Archäologischen Institutes: http://www.dainst.org/index_59929aacbb1f14a157090017f0000011_de.html

- ROSALES VARGAS, José: *Desmonte de constructora daña dibujo geometric de cultura Nasca*, 27.12.2009, zuletzt besucht am 17.01.2010 auf El Comercio: http://elcomercio.pe/noticia/386580/desmonte-constructora-dana-dibujo-geometrico-cultura-nasca_1

- SCHMIDT-HÄUER, Christian: *Amerikas zweite Entdeckung. Die zweite Entdeckung...*, 23.12.2008, zuletzt besucht am 17.01.2010 auf Zeit online: http://www.zeit.de/2008/52/DOS-Die-zweite-Entdeckung-Amerikas
- VEREIN DR. MARIA REICHE – Linien und Figuren der Nasca-Kultur in Peru e.V.: *Das Forschungsprojekt Nasca*, zuletzt besucht am 17.01.2010 auf: http://www.htw-dresden.de/~nazca/projekt.htm

- VEREIN DR. MARIA REICHE – Linien und Figuren der Nasca-Kultur in Peru e.V.: *WebGIS-Applikation Linien und Figuren in der Pampa*, zuletzt besucht am 17.01.2010 auf: http://www.htw-dresden.de/~nazca/

- WORLD TOURISM ORGANIZATION (UNWTO): *Barometer Volume 8, No.1, Januar 2010*, zuletzt besucht am 02.02.2010 auf: http://www.unwto.org/facts/eng/pdf/barometer/UNWTO_Barom10_1_en_excerpt.pdf

- WORLD TRAVEL & TOURISM COUNCIL: *Tourism impact forecasting tool*, zuletzt besucht am 17.01.2010 auf: http://www.wttc.org/eng/Tourism_Research/Tourism_Impact_Data_and_Forecast_Tool/

Dokumentationsfilme

- ADERS, Thomas: *Reise ins Reich der Inka. Spurensuche in den Anden Perus. 1.Teil – von der Küste ins Herz des Inka-Reichs*, Produktion des ARD Studios Rio de Janeiro für Phoenix 2010

- KASCHNER, Michael: *Tatort Peru. Im Bann der Nasca-Linien*, ZDF-Dokumentationsreihe Terra X 2009, zuletzt gesehen am 07.01.2010 auf: http://www.zdf.de/ZDFmediathek/beitrag/video/920432/Die-Vorfahren-der-Nasca#/beitrag/video/928542/Tatort-Peru---Im-Bann-der-Nasca-Linien/

- SIEGLER, Jo & MESCHEDE, Wolfgang: *Spurensuche in Peru. Das Rätsel der Wüstenbilder*, Dokumentation WDR 2004

- ZDF-DOKUMENTATIONSREIHE TERRA X: *Die Vorfahren der Nasca*, 27.12.2009, zuletzt gesehen am 17.01.2010 auf: http://www.zdf.de/ZDFmediathek/beitrag/video/920432/Die-Vorfahren-der-Nasca#/beitrag/video/920432/Die-Vorfahren-der-Nasca/

10 ANHANG

1) `Información de educación de la población´, entnommen aus: del Solar Dibós, María Elena: „Contexto Antropológico de la cuenca del Río Grande", in LUMBRERAS, anexo S.4

CUADRO N° 6

INFORMACIÓN DE EDUCACIÓN DE LA POBLACIÓN

PAÍS, DPTO, PROV, DISTRITO	POBLACIÓN > 15 AÑOS	POBLACIÓN ANALFABETA RESPECTO:		PROMEDIO DE AÑOS DE ESTUDIO DE > 15 AÑOS	% DE NIÑOS QUE NO ASISTEN A LA ESCUELA	
		> DE 15 AÑOS	MUJERES > 15 AÑOS		DE 6 A 12 AÑOS	DE 13 A 17 AÑOS
PAÍS	1784281	12.8%	18.3%	7.7	12.8%	29.0%
DPTO. DE ICA	21156	5.8%	8.0%	8.8	9.8%	21.6%
PROV. DE NASCA	31257	8.2%	11.9%	7.6	14.4%	23.8%
Distrito Nasca	14843	8.4%	11.7%	8.6	7.0%	15.8%
Distrito Changuillo	1555	16.5%	24.3%	6.2	13.4%	31.9%
Distrito El Ingenio	1912	12.4%	20.5%	6.9	17.1%	34.1%
Distrito Marcona	7283	3.7%	6.0%	9.6	5.2%	13.3%
Distrito Vista Alegre	5664	10.1%	14.2%	7.7	7.1%	18.4%
PROV. DE PALPA	8512	8.7%	12.9%	8.5	7.4%	17.6%
Distrito Palpa	4633	6.8%	10.4%	9.6	5.2%	13.3%
Distrito Llipata	818	13.1%	17.9%	7.7	7.1%	18.4%
Distrito Río Grande	1999	9.5%	14.2%	6.2	13.4%	31.9%
Distrito Santa Cruz	690	9.4%	13.3%	8.6	7.0%	15.8%
Distrito Tibillo	372	16.4%	26.1%	6.9	17.1%	34.1%

FUENTE: Censos Nacionales 1993. Resultados Definitivos del Departamento de Ica, II Tomo. INEI 1994

2) `Indicadores de Pobreza´, entnommen aus: del Solar Dibós, María Elena: „Contexto Antropológico de la cuenca del Río Grande", in LUMBRERAS, anexo S.8

CUADRO N° 10

INDICADORES DE POBREZA

PAÍS, DPTO, PROV, DISTRITO	PORCENTAJE DE LA POBLACIÓN					
	CON NECESIDADES BÁSICAS INSATISFECHAS	EN VIVIENDAS FÍSICAMENTE INADECUADAS	EN VIVIENDAS CON HACINAMIENTO	VIVIENDAS SIN DESAGÜE	CON NIÑOS QUE NO ASISTEN A LA ESCUELA	EN FAMILIAS CON ALTA DEPENDENCIA ECONÓMICA
PAÍS	56.8%	13.8%	25.0%	36.5%	10.6%	13.6%
DPTO. DE ICA	44.3%	6.5%	12.8%	26.5%	7.7%	10.9%
PROV. DE NASCA	50.7%	7.0%	14.0%	36.9%	6.1%	12.3%
Distrito Nasca	55.6%	3.2%	14.0%	44.7%	6.2%	12.0%
Distrito Changuillo	52.9%	15.5%	21.4%	18.6%	9.3%	13.6%
Distrito El Ingenio	80.4%	25.9%	23.1%	7.1%	10.5%	16.4%
Distrito Marcona	31.2%	7.9%	11.6%	18.5%	4.1%	5.8%
Distrito Vista Alegre	53.7%	5.9%	11.9%	36.3%	6.5%	19.2%
PROV. DE PALPA	56.1%	24.9%	18.1%	26.1%	10.6%	13.3%
Distrito Palpa	51.9%	24.0%	16.8%	22.5%	13.8%	9.9%
Distrito Llipata	56.2%	24.6%	22.9%	20.6%	7.3%	15.8%
Distrito Río Grande	53.1%	24.9%	17.8%	21.9%	7.8%	15.3%
Distrito Santa Cruz	68.8%	26.8%	12.3%	29.3%	6.0%	28.0%
Distrito Tibillo	97.8%	32.6%	35.5%	97.8%	4.2%	10.0%

FUENTE: Censos Nacionales 1993. En Resultados Definitivos del Departamento de Ica, II Tomo. INEI 1994.

3) „Encuesta sobre los sitios arqueológicos de Nasca" (selbst durchgeführt an 2 Schulen in Nasca, Oktober 2009)

Encuensta sobre los sitios arqueológicos de Nasca

Colegio:

nivel: o primaria   o secundaria

grado:

edad:

sexo: o masculino   o femenino

1) ¿De dónde vienen tus padres?

2) ¿En qué trabajan tus padres?

3) ¿Dónde vives?

4) ¿Cuántos hermanos tienes?

5) ¿Cuáles de los siguientes sitios ya visitaste y cuáles te gustaría conocer?

	ya visité... con el colegio	con mis padres	quiero conocer
a) Cahuachi	o	o	o
b) Estaquería	o	o	o
c) Torre Mirador (en la Panamericana)	o	o	o
d) Museo María Reiche (en la Panamericana)	o	o	o
e) Acueductos de Cantalloc	o	o	o
f) Paredones	o	o	o
g) la aguja y el telar	o	o	o
h) Cementerio de Chauchilla	o	o	o
i) Museo Arqueológico Antonini (Nasca)	o	o	o
j) Planetario María Reiche	o	o	o
k) sobrevuelo de las líneas	o	o	o

6) ¿Cuáles de las ruinas más te impresionan?

7) ¿Te gusta vivir en Nasca? Por qué (no)?

8) ¿En qué te gustaría trabajar después de los estudios?

9) ¿Dónde quisieras vivir?

10) ¿De qué manera sería tu contribución al mantenimiento de los sitios arqueológicos de Nasca?

4) "Evolución de llegada de turistas al Perú", entnommen aus: MINISTERIO DE COMERCIO EXTERIOR Y TURISMO (MINCETUR): *Estudio sobre la rentabilidad social de las inversiones en el sector turismo en el Perú*, Januar 2009, zuletzt geöffnet am 17.01.2010 auf:
http://www.mincetur.gob.pe/newweb/Default.aspx?tabid=3460, S.24

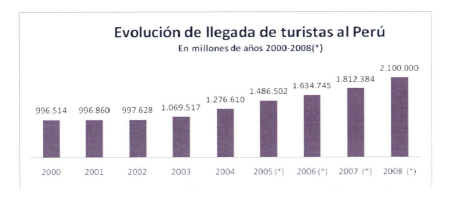

5) "Estructura de gasto de turista extranjero & nacional", entnommen aus: MINISTERIO DE COMERCIO EXTERIOR Y TURISMO (MINCETUR): *Estudio sobre la rentabilidad social de las inversiones en el sector turismo en el Perú*, Januar 2009, zuletzt geöffnet am 17.01.2010 auf:
http://www.mincetur.gob.pe/newweb/Default.aspx?tabid=3460, S.34f.

6) "Ciudades visitadas en el Perú 2006 & 2008" (erhalten von PROMPERU in Lima, August 2009)

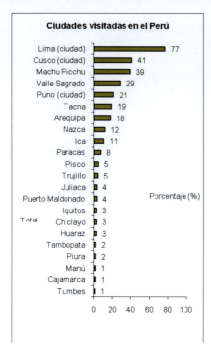

2006

Ciudades visitadas en el Perú	% col.
Lima	98
Cusco	56
Machu Picchu	55
Valle Sagrado	43
Puno	26
Titicaca	26
Arequipa	18
Nazca	14
Ica	13
Chivay	12
Paracas	10
Amantani	9
Puerto Maldonado	6
Pisco	5
Trujillo	5
Callao	5
Tambopata	4
Iquitos	3
Piura	3
Huaraz	3
Río Amazonas	3
Mancora	2
Chiclayo	2
Chosica	2
Cajamarca	1
Huancayo	1
Tumbes	1
Ayacucho	1
Tarapoto	1
Pucallpa	1
Tacna	1
Chachapoyas	1
Base: Turistas extranjeros que se entrevistaron en el Aeropuerto Jorge Chávez 2008	

7) „Producto Bruto Interno turístico", entnommen aus: INSTITUTO NACIONAL DE ESTADÍSTICA E INFORMÁTICA 2008, S. 817

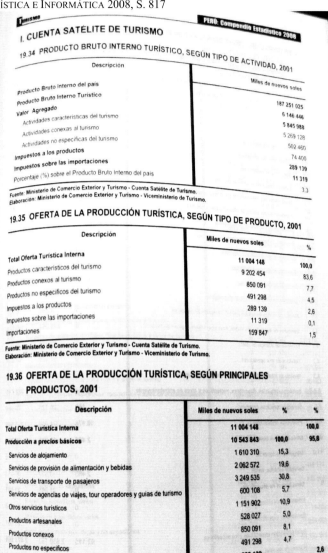

8) „Perú: Ingreso de divisas generado por el turismo receptivo, 2002-2008", entnommen aus: MINISTERIO DE COMERCIO EXTERIOR Y TURISMO: *Perú: Estadísticas de Turismo 2008*, zuletzt geöffnet am 17.01.2010 auf: http://www.mincetur.gob.pe/newweb/portals/0/turismo/Presentac_Cifras_de_Turismo.pdf, S. 45

Año	Millones US$	Var %
2002	837	9,7
2003	1 023	22,2
2004	1 232	20,5
2005	1 438	16,7
2006	1 775	23,5
2007	2 007	13,1
2008 P/	2 395	19,4

9) "Población por departamento de orígen", entnommen aus: del Solar Dibós, María Elena: „Contexto Antropológico de la cuenca del Río Grande", in LUMBRERAS, anexo S.16

POBLACIÓN POR DEPARTAMENTO DE ORIGEN

PROVINCIA, DISTRITO	POBLACIÓN TOTAL	ZONAS	DEPARTAMENTOS DE PROCEDENCIA						
			Apurímac	Arequipa	Ayacucho	Huancavelica	Huánuco	Ica	Lima
Prov. Nasca	52742	42	2371	2415	6391	271	76	35417	2468
Nasca	23463	13	782	863	3151	111	31	16103	1121
Changuillo	2838	0	106	34	462	17	0	1994	83
El Ingenio	3214	0	89	45	799	54	8	1922	125
Marcona	12988	18	933	974	731	47	19	8260	801
Vista Alegre	10239	11	461	499	1248	42	18	7138	338
Prov. Palpa	13427	11	110	137	2183	263	20	9810	346
Palpa	7061	8	50	104	1225	77	14	5059	190
Llipata	1372	0	22	10	304	21	1	935	36
Río Grande	3245	3	20	15	515	77	4	2416	92
Santa Cruz	1151	0	18	7	134	17	0	905	24
Tibillo	598	0	0	1	5	71	1	495	4

Fuente: Censos Nacionales 1993. Resultados definitivos del departamento de Ica, II Tomo. INEI 1994.

10) Besucherzahlen des Aussichtsturmes (Statistiken der ASOCIACIÓN MARIA REICHE – bis Juni 2007 und des INSTITUTO NACIONAL DE CULTURA – ab Juli 2007, erhalten in Nasca, Oktober 2009)

MESES	2000	2001	2002	2003	2004	2005	2006	2007*	2008	2009
ENERO	1,800.00	2,400.00	1,650.00	1,940.00	4,484.00	4,829.00	4,812.00	4,557.00	3,877.00	3,832.00
FEBRERO	1,400.00	1,450.00	1,800.00	1,470.00	4,221.00	4,710.00	4,476.00	4,412.00	3,561.00	3,832.00
MARZO	1,400.00	1,820.00	1,450.00	1,535.00	3,538.00	4,896.00	4,152.00	4,077.00	3,740.00	3,659.00
ABRIL	1,200.00	1,800.00	2,100.00	2,000.00	3,799.00	3,035.00	4,685.00	4,508.00	3,169.00	3,834.00
MAYO	800.00	1,000.00	1,350.00	1,724.00	3,297.00	3,784.00	3,523.00	3,633.00	3,538.00	4,833.00
JUNIO	1,000.00	1,250.00	1,650.00	2,205.00	3,282.00	4,016.00	3,480.00	908.00	2,996.00	4,159.00
JULIO	1,500.00	1,950.00	2,400.00	4,518.00	6,946.00	6,769.00	6,231.00	3,109.00	4,949.00	6,731.00
AGOSTO	2,200.00	3,150.00	2,750.00	4,419.00	6,812.00	7,520.00	6,684.00	4,286.00	5,356.00	5,542.00
SETIEMBRE	1,300.00	1,350.00	1,900.00	3,228.00	4,710.00	5,294.00	5,224.00	2,876.00	4,011.00	
OCTUBRE	1,800.00	1,650.00	1,950.00	5,022.00	7,222.00	7,206.00	6,853.00	4,111.00	4,813.00	
NOVIEMBRE	2,450.00	1,650.00	1,650.00	4,998.00	6,448.00	6,348.00	5,617.00	4,381.00	4,706.00	
DICIEMBRE	1,600.00	2,000.00	2,175.00	5,074.00	5,822.00	5,289.00	5,135.00	3,365.00	3,296.00	
TOTALES	18,450.00	21,470.00	22,825.00	38,133.00	60,581.00	63,696.00	60,872.00		48,012.00	36,422.00

11) Besucherzahlen des MUSEO DIDÁCTICO ANTONINI (erhalten in Nasca, Oktober 2009)

Museo Didáctico Antonini

CUADRO COMPARTIVO DE INGRESOS ANUALES DE TURISTAS AL MUSEO ARQUEOLOGICO ANTONINI

Fecha	Boleto Normal S/.10.00			Boletos Reducidos S/. 5.00			Boletos de Fotografias S/.		
	Cantidad	Total S/.	Total $	Cantidad	Total S/.	Total $	Cantidad	Total S/.	Total $
Año 1999	1746	S/. 16,790.00	$199.00	681	S/. 3,232.00		98	S/. 357.00	$11.00
Año 2000	4132	S/. 39,184.50	$205.07	1286	S/. 4,129.00	$143.00	156	S/. 756.00	$3.50
Año 2001	4417	S/. 43,680.00	$147.00	1771	S/. 3,466.90		207	S/. 1,030.00	$2.00
Año 2002	5621	S/. 55,640.00	$171.00	1188	S/. 3,093.80		173	S/. 865.00	
Año 2003	6379	S/. 62,550.00	$372.00	1152	S/. 2,719.50		131	S/. 655.00	
Año 2004	7883	S/. 76,930.00	$570.00	1176	S/. 3,047.00		130	S/. 650.00	
Año 2005	9636	S/. 94,670.00	$507.00	1697	S/. 4,000.00		217	S/. 1,085.00	
Año 2006	8108	S/. 81,080.00		1,522	S/. 4,051.50		186	S/. 930.00	
Año 2007	9614	S/. 142,650.00	$525.00	1,693	S/. 4,771.60		342	S/. 1,710.00	

12) „Movimiento Anual de Pasajeros y Aeronaves de Nasca" (erhalten in Nasca von der CÁMARA DE TURISMO DE NASCA, Oktober 2009).

MOVIMIENTO ANUAL DE AERONAVES Y PASAJEROS DESDE ICA

MOVIMIENTO ANUAL DE PASAJEROS Y AERONAVES DE NASCA